U0090138

# 民國歷史與文化研究

初　編

第24冊

## 抗戰期間國民政府僑務政策及其實施（下）

陳國威 著

花木蘭文化出版社

國家圖書館出版品預行編目資料

抗戰期間國民政府僑務政策及其實施（下）／陳國威 著 — 初版 — 新北市：花木蘭文化出版社，2015〔民 104〕

目 2+152 面；19×26 公分

（民國歷史與文化研究 初編；第 24 冊）

ISBN 978-986-404-160-2（精裝）

1. 僑務 2. 國民政府

628.08 103027672

ISBN-978-986-404-160-2

民國歷史與文化研究

初 編 第二四冊 ISBN：978-986-404-160-2

抗戰期間國民政府僑務政策及其實施（下）

作　　者 陳國威

總 編 輯 杜潔祥

副總編輯 楊嘉樂

編　　輯 許郁翎

出　　版 花木蘭文化出版社

社　　長 高小娟

聯絡地址 235 新北市中和區中安街七二號十三樓

電話：02-2923-1455／傳眞：02-2923-1452

網　　址 http://www.huamulan.tw 信箱 hml 810518@gmail.com

印　　刷 普羅文化出版廣告事業

初　　版 2015 年 3 月

定　　價 初編 32 冊（精裝）台幣 56,000 元

# 抗戰期間國民政府僑務政策及其實施（下）

陳國威　著

# 目次

**上冊**

## 下　冊

# 第五章　抗戰期間僑務政策及其實施

抗日戰爭是對國民黨執政能力的一次嚴峻考驗。為了彙集一切人力、物力、財力進行抗戰，國民政府不斷地針對相關問題，調節相關政策，以求取得抗戰勝利。抗戰時期的僑務政策也不例外。其時僑務政策雖然保持政策的延續性，承接了部分戰前僑務政策，但也調整了大部分僑務政策，顯現出與戰前有別的態勢。它尤其著重於動員海外僑社的力量，以支持國內的抗戰。同時，隨著戰爭的發展，海外僑民的生活也受到影響，國民政府採取不同於戰前的而又比較務實的救僑政策。在華僑文教事業方面，國民政府也做了不少工作，大力地培育海外抗日的力量。

## 一、動員政策

抗戰爆發後，為了彙集更大的經濟實力抗日，國民政府對全體國民發佈動員令。具有豐富資源的海外華僑華人社會自然是國民政府的目標對象之一。抗戰期間僑務方面的動員政策主要包括以下幾個方面：物力財力的動員、人才的動員和第二戰場之動員。

### （一）動員華僑的物力財力支持抗戰

1939年1月29日在國民黨五屆五中全會通過的《對於政治報告之決議案》中，對於僑務方面，提到：「各種設施均適合抗戰需要。惟宣傳方面，此後更應隨時遴簡在海內外有資望之同志分別前往各僑胞所在地，宣揚政府意旨，加以撫慰，使對祖國敬愛之心與時俱進。」〔註1〕國民黨在這裡所謂宣慰華僑

〔註1〕榮孟源主編：《中國國民黨歷次代表大會及中央全會資料》（下冊），光明日報

意在使華僑「對祖國敬愛之心與時俱進」，其實對國民黨而言，意旨並不僅僅如此，而是著重於海外僑社的物力財力。戰爭期間曾任海外部部長的劉維熾就在《抗戰以來海外工作的回顧與前瞻》一文中談到：「本人於抗日初啓之日，曾奉派於二十六年（1937 年）九月間啓程，經檀香山過訪美洲各地，宣慰僑胞，勸募公債，至二十七年（即 1938 年）八月取道歐洲返國，共計募集公債達三千餘萬元。」〔註 2〕而在 1937 年 9 月 2 日中執會的會議記錄中記載：「中央派十一人（內九人爲中央委員）分赴海外各地勸募救國公債，所需旅費約五萬元，經與宋委員子文商定，先由中央在華僑捐款項下墊付，將來由救國公債勸募總會歸墊」。然後中執會決議照辦。〔註 3〕說明當其時國民黨中央高層已明瞭海外僑社的力量，要求與海外僑社具有一定淵源的官員外出宣慰，意旨就是爲了動員海外僑社的物力財力。同時因中央海外部在 1937 年時並沒有成立，故此時出訪宣慰勸募的人員，應該主要爲僑務委員。其後僑務委員會在其一次的工作報告裏談到：「抗戰以來，海外僑胞，認銷公債，踴躍捐輸，爲數已達七八千萬，尤以馬來亞、菲律賓、美洲等處僑團，推行常月捐，裨益長期抗戰，實非淺鮮。本會除通令海外各地僑團，隨時鼓勵外，同時各委員不支旅費，分赴海外各地工作，就地指導僑胞，輸財出力者計列如左：一、林疊，美國；二、林澤臣，安南（按即現越南）；三、黃滋，美國；四、黃績熙，安南；五、王志遠，印度；六、黃啓文，美國；七、王棠，港澳；八、黃紹蕃，港澳；九、趙煒庭，港澳；十、余榮，澳洲；十一、王健海，港澳；十二、李樸生，南洋各地；十三、朱肇新，美國；十四、周撥五，美國；十五，馬鏡池，加拿大；十六、伍鴻南，港澳。」〔註 4〕在上述行動的基礎上，1939 年 7 月僑委會在至國家總動員設計委員會的公函裏，繼續談到在動員僑胞的情形：「第二、對華僑宣傳日本之侵略中國返而自衛抗戰之意義及抗戰之

---

出版社，1985 年，第 506 頁。

〔註 2〕劉維熾：《抗戰以來海外工作的回顧與前瞻》，《華僑先鋒》第 5 卷第 7 期，第 62 頁。

〔註 3〕中國第二歷史檔案館編：《中國國民黨中央執行委員會常務委員會會議錄》（二十二冊），第 160～161 頁。另據第 128 次中常會，僑務委員蕭吉珊是這些委員中的一員，其後該項旅費爲 67028.62 元。見中國第二歷史檔案館編：《中國國民黨中央執行委員會常務委員會會議錄》（二十六冊），第 344 頁。

〔註 4〕中國第二歷史檔案館編：《中華民國史檔案資料彙編》第五輯第二編政治（四），第 595 頁。另在五居中常會第 184 次會議，秘書處呈報余榮是奉中央派赴澳洲勸募救國公債的。見中國第二歷史檔案館編：《中國國民黨中央執行委員會常務委員會會議錄》（三十四冊），第 57 頁。

眞實消息。1、通電及分期寄發非常時期僑務特刊及華僑動員半月刊告僑胞書等。2、第一項之四（即指派赴各地委員勸募之事）所派各員同時肩任宣傳工作。3、每周派員赴廣播電臺播音。第三、指導各地領館報社或僑胞參加國際宣傳工作。1、通令各地領館報社僑胞等指導其發行號外，或專刊小冊子，隨時收本國抗戰之實況，將士之忠勇，全國上下之團結，倭寇之殘暴，敵國內部之矛盾，國際關係之演變等詳細記載，向友邦人士宣傳，以暴露敵人之侵略行爲。2、指導僑胞擁護國際反侵略大會一切決議案，及實行對日經濟制裁。」〔註5〕其中文中說到的華僑動員半月刊散發包括在「海外各大商埠廣事銷流，一面並贈閱各公私團體及學校等」；而對海外的廣播則爲一種「定期廣播，每周均按時舉行，傳遞國內政治、軍事、外交、及文化各情況，俾僑胞明瞭祖國情形。」〔註6〕這些工作無形對政府動員華僑捐輸財物政策產生巨大的影響，讓華僑從內心中感覺自己是參與個中的抗戰，更是增強了華僑華人的抗敵情緒，爲抗戰獲得更多的抗敵力量。僑委會分赴各地宣慰華僑，進行動員工作的人員，除了上述各委員外，還有委員長陳樹人、常務委員蕭吉珊、常務委員兼教育處長陳春圃。其中陳樹人是在1937年冬即赴菲律賓宣慰華僑。而據相關財務報告，在1937年僑務委員會爲辦理募集華僑捐款單是支付海外郵電費就需追加預算一萬元。〔註7〕

而1938年中央海外部成立後，由於環境之變化，海外部也迅速處於戰時僑務工作系統的一個中樞地位，勸募動員也自然而然地成爲其工作重點之一。包括戰時第二任部長吳鐵城、副部長戴愧生、處長李樸生、處長黃天爵等人也紛紛分赴世界各地宣慰華僑，進行抗戰動員。其中尤以部長吳鐵城一行尤爲壯觀。1940年秋，吳鐵城一行奉令出發，至1941年3月返國。「所至地區，爲美屬菲律賓、荷屬東印度，英屬馬來亞緬甸等地，歷經七十餘埠，大小城市一百五十餘處，演講凡三百次」，獲得捐款「數達三千餘萬元。」〔註8〕吳鐵城一行包括學者章淵若教授、德人馬坤（曾任孫中山隨從武官）、處

〔註5〕中國第二歷史檔案館編：《中華民國史檔案資料彙編》第五輯第二編政治（四），第601頁。

〔註6〕劉翼淩：《抗戰一年來之僑務》，《華僑動員》第11期，第4頁。

〔註7〕中國第二歷史檔案館編：《中國國民黨中央執行委員會常務委員會會議錄》（二十三冊），第137頁。

〔註8〕陳匡民：《抗戰八年來的海外黨務》，《華僑先鋒》第7卷第2、3期合刊，第41頁。莊心在：《吳鐵老與抗戰期中的南洋》（載《吳鐵城傳記資料》（二），〔臺北〕天一出版社，1985年）一文也有相類似的內容。

長黃天爵、英文秘書李炳瑞及電務人員等。〔註 9〕他們是先到菲律賓，然後轉到印尼孟（望）加錫、泗水、巴達維亞（即現雅加達）、新加坡等地。而1941 年 1 月 26 日《中央日報》第 3 版也刊登一則短訊：「海外部處長駱介子赴澳督導黨務宣慰僑胞」。文中記載：「第三處處長駱介子奉派為海外黨務特派專員，即日□〔前〕往澳洲、紐西蘭及南太平洋各地督導黨務，並攜總裁慰勉書，宣慰以上各地僑胞，□節約建國儲蓄團總團、華僑航空救國運動委員會及國民外交協會等，亦皆聘請駱氏擔任推動海外工作。駱氏此行一年後始可回國。」另一處長薛農山則赴印度視察。〔註 10〕海外部的海外僑社募捐活動加入，無疑是加強僑務動員政策的推進，促進海外僑社募捐行動的進行，因為國民黨海外黨部遍佈全球。據 1936 年 7 月統計，國民黨在海外的支部有 78 個、直屬分部 65 個、分部 780 個，通訊處 72 個，分佈在加拿大、美國、古巴、檀香山、菲律賓、安南、暹羅、緬甸、印度、澳洲、南洋荷屬、法國、墨西哥、南非洲、倫敦、利物浦、秘魯、模里斯、馬達加斯加、河內、海防、南洋帝汶、朝鮮、大溪地、東京、横濱、仙臺、長崎、神戶、高棉、南洋英屬新加坡、南洋英屬馬六甲、德國、香港、澳門、智利、巴拿馬、巴西等國家、地區和城市，其中黨員 93795 名、預備黨員 16633 名。〔註 11〕而國民黨的相關法規對海外黨員有約束作用。據中央監察委員會送中執全有關執行處分黨員案報告，高棉（現柬埔寨）直屬支部黨員周瑞禧因「對於勸購救國公債不願樂從」，被駐高棉直屬支部執委會給予停止黨權六個月。其後，因其「尚能從諫購債」，才被監察委員會撤銷原案，只是給予「嚴重警告」的處分。〔註 12〕由於海外黨部的分佈廣大，具有強烈的政治意識，有學者甚至認為盧溝橋事變後，海外「捐獻者可能以海外黨員為主。」〔註 13〕

---

〔註 9〕莊心在：《吳鐵老與抗戰期中的南洋》，載《吳鐵城傳記資料》（二），〔臺北〕天一出版社，1985 年，第 105 頁；李樸生：《吳鐵城與陳嘉庚：一段僑務公案》，載《吳鐵城傳記資料》（一）〔臺北〕天一出版社，1985 年，第 54 頁。

〔註 10〕李盈慧：《抗日與附日 —— 華僑・國民政府・汪政權》，第 87 頁。

〔註 11〕《三中全會中央組織部工作報告》（1936 年 6 月～1937 年 2 月），李雲漢主編：《中國國民黨黨務發展史料 —— 組織工作》（下），黨史委員會，1993 年，附表四。轉崔之清：《國民黨政治與社會結構之演變（1905～1949）》（下編），第 1298～1299 頁。

〔註 12〕中國第二歷史檔案館編：《中國國民黨中央執行委員會常務委員會會議錄》（二十四冊），第 103 頁。

〔註 13〕陳存恭、鄧德濂：《抗戰時期中國國民黨的海外黨務》，胡春惠主編：《紀念抗

而另一個涉僑部門——外交部在動員政策方面也有動作。1937年9月下旬，外交部駐兩廣外交特派員也奉命定日內赴南洋對華僑華人進行勸募公債，並動員廣大愛國華僑支持祖國抗戰。〔註14〕

除了這些主管僑務的高官對海外華僑進行動員工作外，包括蔣介石在內的其他國民黨黨政要員，也紛紛對海外僑社進行動員工作，號召海外華僑華人有錢出錢，有力出力，有技術出技術，「爲爭取民族生存之抗戰而動員」。1937年12月27日蔣介石發出海外通電言：「（香港中國銀行轉）我國爲民族生存而奮鬥，中正奉命率師抗戰數月以來，所幸將士用命，國內外同胞一致努力，予敵人以重創。京滬雖暫告淪陷，士氣民心愈感振奮，最後勝利當可預卜。惟政府既決定長期抗戰，軍費來源仍不得不賴舉國同胞之踴躍輸將。據報南洋英屬各地有常月捐，禦防捐、救國捐等辦法，誠屬持久戰之要圖，至堪矜式。尚望尊處斟酌當地情形，一致仿辦，積極籌募，以資接濟。除由中國銀行接洽辦理外，特電奉達。」〔註15〕1939年4月14日「南洋華僑籌賑祖國難民總會」發佈第十三號通告：「爲通告事，本總會在最近一周間，連接國內蔣委員長、宋子文先生、白副總參謀長來電三通，鼓勵僑胞，加強捐輸，源源接濟，共搏最後勝利」。〔註16〕在通告中，南僑總會將這三位中央高層的來電公佈：「南洋華僑籌賑祖國難民總會陳嘉庚兄：溯自抗戰軍興，已歷廿一月，海外僑胞，節衣縮食，踴躍捐輸，先事購買救國公債，繼則月捐義捐，其愛國熱忱，殊堪嘉尚。現在第二期抗戰方殷，必須資源有持久之力量，始克獲最後勝利，仍冀各僑團振發以前之精神，繼續努力源源彙寄，俾裕軍用，並希轉知各屬僑團查照爲荷。蔣中正五日。」「南洋華僑籌賑祖國難民總會陳嘉庚兄：查海外僑胞，除購買救國公債外，其義捐月捐，亦殊踴躍，熱心毅力，至堪敬佩。業將各地一年餘捐輸情形，陳報蔣委員長，奉電深爲嘉慰。經由委座五日電達，計荷鑒察，值茲戰事正殷，端賴後方源源接濟，還祈繼續努力，歷久不懈，裨益於抗戰前途，殊匪淺鮮。特電奉達，即希查照，並

日戰爭勝利五十週年學術討論會論文集》，（香港）珠海書院亞洲研究中心，1996年3月，第54頁。

〔註14〕沙東迅：《民國時期廣東黨政軍當局對抗日的態度及其應變措施》，《廣東史志》1999年第1期，第29～30頁。

〔註15〕中國第二歷史檔案館編：《抗戰初期蔣介石、宋子文、孔祥熙等募集海外捐債來往函電》，《民國檔案》2000年第4期，第5頁。

〔註16〕陳嘉庚著：《南僑回憶錄》，第88頁。

轉知各屬僑團爲荷。宋子文歌。」「南洋華僑籌賑祖國難民總會陳嘉庚先生並轉諸僑胞公鑒：二十七年十月三十日函暨大會宣言均奉悉。抗戰以來，我僑胞踴躍輸將，不特被難同胞身受其賜，抗戰力量亦於焉增強。現敵勢雖疲，而野心未戢，正賴國內軍民、海外僑胞，同心戮力，驅除強寇，求得民族國家之自由平等。誠如宣言所云，國家之大患一日不能除，則國民之天責一日不能卸，前方之炮火一日不得止，則後方之芻粟一日不得停，尚望再接再厲，本出錢出力之旨，爲抗戰建國之助，臨電無任神馳。白崇禧桂行政三陷（十三）印。」〔註 17〕

### （二）動員華僑優秀技術人才回國投效

早在 1937 年 2 月召開的國民黨五屆三中全會通過的《促進救國大計案》中，國民黨就將人才問題與抗日救國相聯繫起來：「安內攘外諸端大政，首需要者爲統一之領導，其次則在人才。當茲積極抗日之際，更應無偏無頗，容納全國人才，悉令效力於政府之下，務使人儘其材，賢能並舉。」〔註 18〕其後主管僑務行政的僑委會就在一份致駐外各領事總領事訓令中說到：「查自軍興以來，我海外僑胞專門技術人才，如西醫師、飛機師、機械師等，激於義憤，請求回國投效者頗多，惟因投效手續與待遇問題未獲解決，不無阻礙。茲准航空委員會銓戊字第五三〇三號公函略開：『查本會錄用人員，須先審查資學歷，再行核敘階級待遇。海外華僑有志來本會服務者，統希轉飭先將資學歷及服務證件送會，以憑核辦。』等由到會。除分令外，合行令仰該領事總領事遵照，如有該地僑胞擅長飛行或機械技術，願回國投效者，務先將其資學歷及服務證件呈會轉航空委員會審查核辦。是爲至要。此令。秘密。分別通告海外各使領館。」〔註 19〕而在 1939 年一份僑委會工作報告中則記載到：「海外華僑學習專門技術，如理工、醫藥、航空、駕駛、機械、農礦者甚夥，當此抗日軍興，多願歸國投效，本會根據『非常時期專門人員服務條例』，隨時指導，加以獎勵，關於□能機器行等，擬組織『司機工程隊』回國服務，及呇株巴轄機器同業等，擬組織『機械回國服務團』等事，均經分別向軍委

〔註 17〕陳嘉庚著：《南僑回憶錄》，第 88～89 頁。

〔註 18〕榮孟源主編：《中國國民黨歷次代表大會及中央全會資料》（下冊），第 445～446 頁。

〔註 19〕「1938～1940 年各地僑民請求介紹工作」，中國第二歷史檔案館館藏僑務委員會檔案，全宗號二二，案卷號 194。

會辦公廳與軍政部會商辦理中矣。」〔註20〕1937年12月8日印尼吧達維亞（現雅加達）中華商會在給僑委會的呈文中也談到國民政府有關人才動員的情況：「案准國民政府軍事第六部十月十四日義字第七六二號公函開，據近日各方報告，我受傷將士往往因國內西醫缺乏，診療無人，以致不能立時救治，呻吟待絕，厥狀至慘，而於戰事亦影響至大。聞南洋各地僑胞不乏學習西醫之人，如向徵求，我僑胞愛國尤具熱忱，定能回國服務，事關救治衛國受傷將士，想貴會必具同情，相應函請查照。即希代為向南洋各地僑胞廣事徵求西醫人才回國服務，並希將辦理情形見覆為荷。」該商會隨即組織一隊救護隊（含15名隊員及華僑西醫士4人），購置救傷汽車九輛一同返國。〔註21〕

與此同時，國民政府最高當局也在為動員海外華僑人力而呼籲。1938年10月14日，蔣介石「為敵寇犯粵」而通過海外部與僑委會轉海外各地僑胞：「我海外僑胞，讚助革命，夙著忠誠，抗戰以來，輸財輸力，貢獻特多，今當敵人進犯我革命策源地廣東之時，應知此為敵國內趨耗竭，外召孤危之萌兆，亦即為我全民族一致效命，以爭取最後勝利之時機，務望輾轉告語，互相激勉，擴大徵募，接濟物資，俾軍實充盈，經濟不匱，他如努力宣傳，策應外交，或號召專才，回國效力，均當急起直追，唯力是視，促抗戰之勝利，竟革命之全功，須知我民族復興大業完成之時，即為我僑胞享受自由與光榮之日，前途非遠，願共黽勉以赴之。」〔註22〕

僑務方面的人才動員政策出臺後，相關僑務機構，尤其是兩大僑務主管機構——海外部與僑委會，做了大量有關歸國華僑人才的登記、協調、安置、安慰、救助等方面的工作。在1942年福建省政府一份給下屬各縣的的代電中：「○○縣政府：准僑務委員會三十一年二月二十三日第800號密公函開：『查自太平洋大戰爆發以後，我國已與英、美、荷、澳各國並肩作戰，戰時工作將隨戰區範圍之擴大而增加，本會為明瞭泰越回國僑民專門技能人員情形，以備必要時選用參加戰時工作起見，除舉辦泰越回國僑民專門技能人員登記外，並發動調查熟悉泰國或越南語言、文字及地方情形而具有專長之泰越回國僑民，冀克為國效力。相應檢送調查表暨調查說明一份，函請查

〔註20〕中國第二歷史檔案館編：《中華民國史檔案資料彙編》第五輯第二編政治（四），第596頁。
〔註21〕中國第二歷史檔案館編：《中華民國史檔案資料彙編》第五輯第二編政治（四），第637頁。
〔註22〕《華僑動員》第12期，第13頁。

照協助，並轉飭所屬各機關遵照辦理仍希見覆爲荷。』等由，附調查表及調查說明一份到府。除函覆並分電外，合行印發原附件電仰該縣政府迅即遵照辦理。該縣如有僑民團體並可飭令協助仍具報。」說明僑委會爲了協助政府召集技能人員，已據形勢的發展，動員因戰爭而歸國且懷有技能的歸僑爲國效力。這些人員主要「包括菲、緬、印、馬來亞、荷印等地歸僑，若通曉該地語文或具有專門技能（如汽車駕駛、機械修理、醫藥、救護、工程、化學及其他技能）有志爲國服務者」。爲此僑委會專門制訂相關的登記辦法〔註23〕：

僑委會關於泰越港菲緬印馬來荷印回國僑民專門技能人員登記辦法

一、本會爲明瞭具有專門技能之回國僑民，以備必要時選用參加戰時服務起見，特舉辦本回國僑民專門技能人員登記（以下簡稱本登記）。

二、凡該地回國僑民年齡在十八歲以上四十五歲以下，而具有左列甲項條件，並乙、丙兩項條件之一者，得申請登記。

甲、通曉原居留地語言或文字。

乙、曾旅居當地境內多年，熟悉當地情形。

丙、具有特殊技能（所稱特殊技能係指醫藥、救護、技術、司機及機械修理）。

三、本登記由本會主辦，並委託本會各附屬機關辦理之。

四、申請登記人應辦理下列各項手續：

甲、塡具登記表。

乙、繳交本人二寸半身照片。

丙、繳驗各項證明文件並附抄本。

凡在本會登記者，應繳登記表照片證明文件抄本各二份，在本會附屬機關登記者，應繳三份各項證明文件，驗訖當面發還。

五、本會各附屬機關辦理登記，除抽存登記表、照片、證明（第 1681 頁。）文件抄本各一份外，其餘二份應即彙送本會辦理。

六、申請登記人於履行登記時，由登記機關派人舉行談話，並根據第二條之規定查詢其學識、技能、經歷，摘要注入登記表內以供參考。

七、申請登記人因故不能親到登記時，得用通訊登記，應附自傳一篇，

〔註23〕福建省檔案館編：《福建華僑檔案史料》（下），檔案出版社 1990 年，第 1681～1682 頁。

詳記本人經歷以供參考。

八、申請登記經審定後，由登記機關發給回執，以後遇有適當機會，本會即根據其技能分別派遣工作或介紹於其他機關，若已有工作者，必要時根據其本人之技能與志願調整之。

九、本登記不收任何費用，登記表由本會制定給予申請登記人領用。

十、本辦法由本會公布施行。

除了出臺法規條文外，政府甚至在救濟方面給予擁有技能的歸僑給予特殊的照顧，列爲特殊的救濟範圍〔註 24〕。華僑人力政策的動員從某種意義上說，收到一定的效果。據廣東省緊急救僑會的統計，截至 1942 年 5 月止，在該會登記的歸僑技術人才有：「屬於機械者七千三百三十人，其中抵韶者一千一百九十九人；屬於土木者四千零四十八人，抵韶者一百四十七人；屬於醫藥者三百四十九人，抵韶者七十九人；屬於縫織者六千七百六十六人，抵韶者六百二十三人；屬於船務者八千零三十八人，抵韶者五百六十二人；屬於印刷者四百七十四人，抵韶者四百四十五人；屬於會計者十八人，全數抵韶；屬於礦業者一百一十六人，抵韶者十人；屬於電務者一百六十六人，抵韶者一百五十三人；屬於無線電者四十三人，抵韶者二十九人」。這些隸屬於技術人員的歸僑，除由廣東省緊急救僑委員會組織歸僑技術人才審查委員會分別核定資格，「依照規定，發給救濟金一百元至四百元外，並呈准中央將經審定合格之技術人員一律送由振濟委員會駐粵辦事處輸送中央安置矣。」〔註 25〕對僑務機構而言，這部分人才「均屬於特種人材，自應由政府設法安插，俾得擔任國防生產之工作。本處（指廣東僑務處）辦理該項特種僑民之登記後，即由本處予以初步審查，審查後擬一面與省府建設廳、企業公司、公路處、衛生處、人才調劑會、各大工廠洽商安置及辦法及需用人才之性質，然後分別通知。該項歸僑一面彙齊送呈僑委會轉供中央各關係機關之參考。」〔註 26〕而之前已有不少由醫生和護士構成的醫護隊、機械技術人員、司機、航空技

〔註 24〕據振濟委員會委員長許世英所言，緊急救僑一般分爲普通救濟及特殊救濟兩類，特殊救濟的對象爲黨下軍高級人員、文化人士、僑領、僑校教職員、僑生、技術員工、友邦人士等等。見許氏《一年來之救僑工作》，載《華僑先鋒》第 5 卷第 3 期。

〔註 25〕「廣東省政府工作報告（1942 年 5 月）」，中國第二歷史檔案館館藏振濟委員會檔案，全宗號一一六，案卷號 229。

〔註 26〕「廣東及汕頭僑務局處工作報告」，中國第二歷史檔案館館藏僑務委員會檔案，全宗號二二，案卷號 501。

術人員歸國活躍在抗戰的戰場上。如由 30 多位醫生和 50 多位救護員組成的荷屬華僑救護隊、由曾獲緬甸政府醫學獎的陳雅雲醫師任總隊長的緬甸華僑救護隊、攜帶金雞納霜等藥物的爪哇華僑救護隊、以陳俶爲首由 26 人組成的星洲華僑救護隊、由莊西言主持名醫柯全壽負責的吧城華僑救護隊、蘇門答臘華僑汽車同業及機師服務團、新加坡華僑機器工程服務團、暹羅華僑汽車司機工友歸國服務團、吉隆坡華僑機工回國服務隊、菲律賓華僑汽車司機服務隊和非洲華僑汽車工友服務隊等等。〔註 27〕而中國空軍的驅逐機飛行員中華僑幾占四分之三，廣東空軍從隊長到隊員幾乎全是華僑子弟。〔註 28〕其中人們對華僑人才支持抗戰比較熟悉的是南僑機工支持抗戰一事。1939 年由國民政府軍事委員會駐昆明的西南運輸處主任宋子良致電南僑總會主席陳嘉庚，要求動員華僑機工支持抗戰。其後前後 9 批、共約 3200 餘華僑機工趕赴西南運輸前線，爲抗戰戰略物資搶救作出巨大貢獻。〔註 29〕

除中央機關在爲動員海外技能人員努力外，地方政府也根據自己的實際情況進行人員動員。1939 年 9 月，福建省政府公佈《優待華僑回國服務暫行辦法》，規定：凡得有博士、碩士學位之華僑可直接呈請省政府酌派工作，凡畢業於大學、中學或具有同等學歷願回閩服務者，省府得依其學識、經驗、志願分別送入本省地方幹部訓練團、保安幹部訓練團、警官訓練所及其它醫藥、農業、金融等機關施以短期訓練或實習後即行派充工作。〔註 30〕

### （三）第二戰場的動員

1939 年二次歐戰爆發後，日本即積極推行其南進政策，向香港及被其海軍譽爲「日本帝國生命線」的南洋〔註 31〕進發，由純經濟政策逐漸向佔領政

---

〔註 27〕參閱黃警頑編著：《華僑對祖國的貢獻》相關章節，棠棣社，1940 年；曾瑞炎：《華僑與抗日戰爭》第六章「對祖國抗日戰爭的人力支持」，四川大學出版，1988 年。

〔註 28〕蔡仁龍、郭梁主編：《華僑抗日救國史料選輯》，中共福建省委黨史工作委員會、中國華僑歷史學會，1987 年，第 24 頁。

〔註 29〕相關內容可參閱莊明理：《滇緬公路上的華僑機工》（載全國政協文史資料研究委員會華僑組編：《崢嶸歲月 —— 華僑青年回國參加抗戰》，中國文史出版社，1988 年）；曾瑞炎：《華僑與抗日戰爭》第六章「對祖國抗日戰爭的人力支持」；任貴祥：《華僑與中國民族民主革命》第六章第四節「以人力報效祖國抗戰」。等等。

〔註 30〕福建省檔案館編：《福建華僑檔案史料》，第 1638～1639 頁。

〔註 31〕馬揚生：《日本南進政策與華僑》，華僑生活出版社，1941 年，第 3 頁。

策轉變，此無疑與英、法、荷等國發生利益衝突。但由於雙方在外交方面並未宣戰，也未宣佈斷絕外交，雙方外交關係仍未完全斷絕，考慮到居留地政府的態度，海外僑民對日本的打擊也主要停留在經濟層面，包括捐助錢物及抵制日貨，當然還有部分華僑是直接回國參戰。同時國民黨還從法規上規範海外僑民的行爲，避免引發外交麻煩。如 1941 年 1 月行政院公佈的《緊急時期護僑指導綱要》第八條就規定：「僑民非經政府許可不得參加當地有關軍事或政治工作。」〔註 32〕但隨著 1941 年 12 月 8 日日本向美國太平洋上的基地 —— 珍珠港進行突襲，從而引起太平洋戰爭的全面爆發，翌後，美、英、荷、中等國家組成同盟國宣佈向德、日、意組成的軸心國宣戰，雙方構成敵對關係，情況發生變化。正是在此時期開始，國民政府爲了更好打擊日本侵略者，國民政府開始動員海外龐大的華僑群體積極參與海外抗擊日本侵略者的活動，開闢海外抗擊日本的第二戰場。

1941 年 12 月 10 日，時任國民黨中央秘書長的吳鐵城在對海外僑胞廣播中，「勗勉海外僑胞應與當地政府完全合作，參加民事軍事防護工作。」其大概的內容爲：「海外各地的僑胞們，現在正是你們努力盡你們責任的時候了。你們應共起抵抗，來把太平洋上的強盜 —— 日本 —— 驅逐出境。英美兩國和我們素敦睦誼，向來表示同情。他們並且曾經幫助我們抵抗日本。今天的英美荷蘭等國及馬來亞菲律賓緬甸等地人士，是爲我們而戰。同時我們也是爲他們而戰，所以我們已站在一線，是同一營壘的戰士。有了這幾個國家豐富的資源和人民堅定的決心，我們是不會失敗的。你們必須具有信念勇敢和希望，你們應該服從所在國的命令，與當地政府完全合作，參加民事及軍事防護工作。倘若你們保衛你們的所在國，就是等於保衛你們自己的生命家庭和財產一樣。敵人蹂躪你們的祖國，已經四年多了，這正是你們爲國服務的機會，希望你們能夠表現和國內的兄弟姐妹們英勇抵抗暴日的同樣精神。海外國民黨的同志□□，你們尤應隨時隨地□以身作則，站在領導群眾的地位。」〔註 33〕其後曾任海外部部長、與僑務深有淵源的吳氏在 1942 年

〔註 32〕注：該法規在中國第二歷史檔案館編：《中華民國史檔案資料彙編》第五輯第二編政治（四），誤輯爲 1942 年 1 月 3 日（見該書第 578 頁。），見「僑務機關組織法規及有關文書」，中國第二歷史檔案館館藏振濟委員會檔案，全宗號一一六，案卷號 123。

〔註 33〕「吳秘書長播講 勗勉海外僑胞」，《中央日報》1941 年 12 月 11 日 3 版。

元旦祝詞中，繼續勉勵海外僑胞「□協同國際友軍，並肩作戰，以期□除人類蟊賊，深信最後勝利之日，不惟國力□即充盈。」〔註34〕而時任國民黨總裁、國防委員會委員長的蔣介石也在「勗勉海外僑胞努力協助友邦作戰，發揮我民族慷慨赴義精神，消滅公敵完成大時代使命。」他於 1941 年 12 月 11 日發告海外僑胞書的全文如下：「海外部、僑務委員會、各地使館轉海外僑胞公鑒：我國民政府已對日本正式宣戰，並對德義兩國同時宣戰，自茲我中華民國已與全世界反侵略各友邦聯合一致、共同奮鬥、誓必消滅德義日軸心侵略之暴力，達成我保衛世界人類文明之目的而後已。關於我全國軍民所應共同努力之要義，中正已發佈書告（布告書），而當此太平洋戰禍擴大之日，對我海外僑胞，尤其是僑居英、美、澳、荷、紐西蘭、加拿大各友邦各屬領之我親愛同胞，更深懷念，而特致殷切之期望。我海外僑胞對於創造民國，讚助革命，久著勳勞。抗戰以來，輸財輸力，貢獻尤爲宏偉。我黃炎華冑之民族大義與傳統文化精神，□賴我海外僑胞之努力發揚而炳耀於世界，爲友邦所重視。今者侵略狂焰已□浸於全球，國際反侵略國家與侵略暴力，分野鮮明，勢不兩立，反侵略各友邦之立場與利益，已結爲一體而不可分，友邦之敵人，即吾人之敵人，友邦之成敗，即吾人之成敗。我海外僑胞秉民族優良之天賦，積多年勤苦之□□，對所在各地均有重大密切關係，不啻爲第二故鄉，務望奮其□勇，協助友邦，貢獻一切人力物力，爲消滅共同敵人，達成最後勝利，而作英勇堅毅之奮鬥。對於當地戰時工作，皆應各竭其能，毅然擔任，如當地政府有需吾僑胞參加作戰之工作，並望一致踴躍參加。吾僑胞在海外之努力，將不下於在祖國□命疆場之戰士，發揮我中華民族慷慨赴義之精神，完成吾人在此一偉人時代中之使命。知我全體僑胞，必有以副祖國之期望也。」〔註35〕蔣氏甚至電請英屬新加坡總督，請求對方「利用馬來亞華方之一切人力物力，並給予境內中國政府官員代表等以服務之機會。」〔註 36〕同時部分國民黨海外分支部也發文激勵海外僑胞協助居留地政府抗擊日本侵略者。〔註37〕據瞭解，在馬來亞地區就有一支抗日的國民黨獨立游

〔註34〕「元旦祝詞 吳秘書長對海外播講」，《中央日報》1942 年 1 月 1 日 3 版。

〔註35〕「蔣委員長勗勉海外僑胞努力協助友邦作戰」，《中央日報》1941 年 12 月 12 日 2 版。

〔註36〕「蔣委員長電請星督充分利用華僑力量」，《中央日報》1941 年 12 月 25 日 2 版。

〔註37〕如國民黨馬來亞總支部。見《中央日報》1941 年 12 月 23 日 3 版「馬來亞總

擊隊，首領「李一文，係前駐安順國民黨支部秘書，首領之下，設有 8 科，構成該隊之最高委員會」。這支活躍在霹靂河一帶的國民黨活動隊伍成員約有 4000 人，任務主要是「1 偷襲日軍，2 破壞交通，3 剷除漢奸，4 焚劫警局，5 收集情報，6 以宣傳方式喚醒愛國情緒，7 與馬來人合作。」當然除國民黨系的抗日隊伍外，馬來亞地區還有由共產黨領導的抗日隊伍及洪門游擊隊。可知國民黨在開闢海外第二戰場方面確實做了不少工作。〔註 38〕

自 1942 年始，海外諸多武裝抗日隊伍紛紛在抗日的烽火中誕生。其中尤以南洋一帶爲多。以菲律賓爲例，就有菲律賓華僑抗日游擊支隊（簡稱「華支」）、華僑抗日義勇軍、華僑戰時血幹團、華僑青年戰時特別工作總隊、迫擊三九九團、美中菲律賓義勇軍等，積極參與軍事打擊侵菲的日軍活動，爲支持菲律賓的民族獨立，爲支持祖國的抗戰作出巨大的貢獻。〔註 39〕其中華僑抗日義勇軍則是在國民黨海外部主任秘書童行白的指導下而成立的。〔註 40〕在印尼西加里曼丹，日本入侵後，涉及華僑參與的抗日力量有：「由原荷印軍少校巴帝辛及黃春枝（華僑企業家）領導的游擊隊（約 200 人）；由李石祥（華僑商人）、馮傳旺領導的抗日游擊隊；由原中國國民黨山口洋直屬支部領導的國民黨員抗日運動；由北婆羅洲伍禪、林立信、陳紹棠等領導的抗日組織。1942 年底，這些抗日隊伍經過協商後，成立西婆羅洲反日同盟會（簡稱西盟會），總部設在山口洋市。」〔註 41〕

海外僑胞除了響應政府的號召組織武裝力量抗擊海外日本侵略者外，還在以國民外交的方式積極參與抗戰，開闢文化、外交抗戰第二戰場。國民外交方面戰場甚至比海外武裝抗戰的開展還要早。早在「七七」抗戰爆發之後，海外僑胞就響應政府的號召，利用自身的影響力向自己居留地人民及統治政

---

支部激勵僑胞」。

〔註 38〕馬振犢、邱錦：《抗戰時期國民黨中統特工的對英合作》，《抗日戰爭研究》2006 年第 3 期，第 176～178 頁。

〔註 39〕龔陶怡等編：《菲律賓華僑抗日鬥爭紀實》，中國國際廣播出版社，1997 年；張存武：《菲律賓華僑抗日活動（1928～1945）》，載〔臺北〕華僑協會總會主編：《華僑與抗日戰爭論文集》（上），〔臺北〕正中書局，1999 年。

〔註 40〕張存武：《菲律賓華僑抗日活動（1928～1945）》，載〔臺北〕華僑協會總會主編：《華僑與抗日戰爭論文集》（上），第 294 頁。

〔註 41〕周南京：《太平洋戰爭期間東南亞華僑地下抗日報刊》，載周南京主編：《華僑華人百科全書・總論卷》，第 754 頁。另外，一部分有關南洋地區華僑武裝抗日的情況可參閱賀聖達：《中華兒女抗日在南洋——東南亞華僑的武裝抗日鬥爭》一文，載《雲南民族大學學報（哲學社會科學版）》2005 年 11 月。

府宣傳打擊日本的活動。

1937 年 8 月，僑委會在「告海外僑胞書」中就要求：「在抗戰時期，僑胞在海外所應致力於工作尚多，如於宣傳方面，暴露敵人摧毀我文化機關，屠殺我無辜人民之慘狀，爲正義人道之呼籲，以取得國際輿論之同情與聲援。」〔註 42〕海外僑胞也以各種方式來回應祖籍國的呼吁，紛紛以各種形式開展海外國民外交活動。如新加坡僑胞在 1939 年 7 月「對英國在東京讓步事，提出嚴重抗議，並分送英國諸大政治家如艾登、邱吉爾、反對黨首領辛克萊、勞合喬治、工黨議員格林伍德及前殖民部職員李頓等。該抗議書由華僑首領譚開基（譯音）領銜代表華僑八百萬警告英國勿再採取有損其在遠東威望之步驟。」〔註 43〕而在墨西哥，通過僑胞的努力，「此間各界人士，日前曾正式成立『友華會』，對我進行援助，當場並決定進行辦法四項：（一）舉行遊行示威，反對日軍侵犯中國領土；（二）抵制日貨，及反對運售原料於日本；（三）排斥該地日僑；（四）籌款救濟中國難民等。」〔註 44〕

當然國民政府的僑務動員政策並不是盲目地動員，而是有針對性的動員。「抗戰初起，海外僑胞之通電請願回國殺敵者，日無慮千數百起。僑務委員會對僑胞此種愛國壯志，固深致嘉許，但一面權衡利害，認爲僑胞之最大任務，唯在輸財，若棄其千辛萬苦所爭得之職業地位而歸國從事不甚熟練之兵役，實爲用違其長，遂通電海外各地，勉僑胞以生產事業爲重，專負輸財輸力之兩大任務。自此以後，僑胞請纓歸國之事已漸減少，但技術人員，則仍供給不斷。舉例言之……」〔註 45〕

## 二、華僑社團政策

政策具有一貫性的特徵。戰前與戰時，國民政府都存在著僑團政策，但兩者是存在區別的。戰前的僑團政策，只是對海外僑團進行登記管理及一部分行政權力而已，並沒有更大更多的實質性內容進行。而抗戰發生後，爲了更好地利用海外僑社的力量，更好控制海外僑社，國民黨調整僑團政策，除了繼續進行海外僑團登記外，還積極地整合僑團，積極要求黨員滲透入僑團

〔註 42〕「僑務委員會告海外僑胞書」，《中央日報》1937 年 8 月 20 日 4 版。

〔註 43〕「星洲僑胞致函英政治家，抗議對日讓步」，《中央日報》1939 年 7 月 26 日（各報聯合版）3 版。

〔註 44〕《華僑動員》（1938 年）第 12 期，第 11 頁。

〔註 45〕劉翼凌：《抗戰一年來之僑務》，《華僑動員》第 11 期，第 3 頁。

組織，掌握僑團領導權，同時也賦予僑團更大的權力，且更爲突出的手段則是積極拉攏僑領，通過僑領來控制僑團，從而達到控制僑社的目的。

### （一）確立海外華僑團體的管理機構

華僑組織、華僑學校、華文報紙號稱海外僑社的三大支柱，而相對而言，僑團在僑社中更具行政管理角色，無論是戰前或者戰時，它們往往被國民政府或者居留地政府賦予一定的行政職能，從事管理僑社事務。在泰國中華總商會甚至一度被「比爲中國官吏的衙門」。〔註 46〕而在美國，「中華公所的組織結構像是一個政府」，是一個非正式政治結構。〔註 47〕如何管理僑團自然而然成爲國民黨政府的目標之一。抗戰前，海外僑團主要組織形式爲地方組織、姓氏組織、堂會組織、職業組織及類似於中華會館形式的全體性組織。國民政府對之管理的法理依據是 1933 年 3 月國民黨中央常會所通過之「指導海外僑民組織團體辦法」（同年 9 月還通過「海外華僑團體備案規程」，以之指導僑團備案。）該辦法規定「海外僑民組織團體，當地黨部應酌量情形，相機指導之」；「應具呈當地高級黨部或領館，分別函呈僑務委員會核辦」；當「由領館轉呈核辦時，該領館應先函知當地高級黨部，以便參加意見，當地高級黨部如有意見，該領館應並案轉呈僑務委員會。」如果當地「無黨部領館者，得直接具呈僑務委員會核辦。」僑委會核辦備案後，還「應送中央民眾運動指導委員會備查。」〔註 48〕1934 年 2 月則通過「國內僑務團體組織辦法」，以之指導「在國內以僑民移殖保育及僑務調查研究協進事宜爲目的而組織之人民團體」。辦法規定，國內僑務團體，「主管機關爲國民政府僑務委員會，指導機關爲會址所在地之高級黨部」。由指導辦法中可以看出，國民政府對待海外僑團只能是指導而已，至於僑團如何組織、如何運作則是無能爲力的。同時由於「海外黨務與僑團之活動，向多關係，黨部、報館、學校、商肆、會館、書報社、俱樂部、甚至運動會、懇親會、慈善會、雖名義各殊，其內容結構皆互有連繫，而各社團之主要份子，向來多爲本黨同志」，僑委會雖然有「關於主管事項，對於駐外領事得指揮之」的權力，但由於沒有駐外機構，

〔註 46〕〔美〕G.W.史金納（G.William Skinner）：《泰國華僑社會，史的分析（續）》，《南洋問題資料譯叢》1964 年第 3 期，第 141 頁。

〔註 47〕〔美〕彼得・鄺（Kwomg, P）著，楊立信、壽進文等譯：《新唐人街》，世界知識出版社，2002 年，第 112～115 頁。

〔註 48〕「僑務法規及有關文書」，中國第二歷史檔案館館藏振濟委員會檔案，全宗號一一六，案卷號 92。

不明個中之細節，對待海外僑團，也只能做好備案工作而已。其後中央海外黨務委員會、外交部與僑務委員會三部門相討規定：「華僑團體方面應屬僑務委員會主管，其黨部方面自應由貴會指示該地黨部辦理」。〔註49〕僑委會自己也認爲，組織辦法「此中所謂『酌量』，所謂『相機』，均極富彈性並不同內有須向黨部申請許可之硬性規定」，〔註50〕但綜觀該時期僑委會對待僑團的工作一般「爲詳查團體數目，用資統計起見，曾通令駐外各領館轉飭各團體填報印鑒表」，進行登記備案。連「解決僑團糾紛」也是起於備案的問題。如在1935年出版的《申報年鑒》中〔解決僑團糾紛〕一檔中記：「在僑團之中，有引爲最重要問題，而累年不能解決，如『海外中華商會改組問題』。蓋僑民以本國所訂之商會法，不易準行予於海外，因之提出四項困難問題：（一）立案（二）組織（三）國籍（四）環境。呈請變通辦理。經由僑委會擬具『解決海外中華商會改組困難問題意見書』，兼顧法律與事實，使之並行不背，並商得實業部外交部同意會銜訓令駐外領事轉飭辦理。」〔註51〕其他事似乎不多見。其實即使僑團沒有進行備案，僑委會也沒有什麼權力對之進行處罰。如在抗戰期間，墨西哥參渭華僑抗日後援總會在一份致僑委會函中談到：「呈爲呈報事：程部長天固先生奉命視察僑務，徑於本月十三日午後二時三十分駕抵本埠，全僑歡慰，喜如雀躍。查當日之備車及派代表迎迓者，除駐覃必古領事廖頌揚先生外，有本會代表七名，車三架。中國國民黨第二直屬支部代表四名、參迫咕分部、中華商會、致公堂、啓明書社、啓明孝校等各派代表三名，粟米業主會四名、馬諾路華僑團體會三名、板怒咕分部、華僑團體會、抗日會等一名，陳穎川堂二名、黃江夏堂二名、李隴西堂三名、昭倫堂一名，以上各備車一架。程部長逗留此間，計共三天，均由廖領事招待，黨部及致公堂，分別開會歡迎，本會與中華商會（因同一地點）聯合開全僑大會用表歡迎。」其後僑委會的批文只能曰：「呈悉。查來呈中之抗日會、陳穎川堂、黃江夏堂、李隴西堂及昭倫堂等各僑團，均尙未依法呈準備案，應即造具章程及會員名冊職員履歷表各兩份，呈請備案，以便取得法律上地位。茲檢付海外華僑團體備案規程及表冊式樣各五份，仰即轉知各該團體遵照辦理，爲

〔註49〕陳鵬仁主編，劉維開編輯：《中國國民黨黨務發展史料：海外黨務工作》，第93、37頁。

〔註50〕「中央海外部社會科業務與僑務委員會主管業務牴觸案」，中國第二歷史檔案館館藏僑務委員會檔案，全宗號二二，案卷號7。

〔註51〕申報年鑒社編輯：《第三次申報年鑒》，第958、942頁。

要。此批。」〔註 52〕因而在抗戰前，對於海外僑團，國民政府是沒有多大關注與作為的。考慮到「海外黨務隨華僑足跡以發佈於各地，近如南洋群島，遠如歐、美、澳、菲諸洲，既有華僑之居留，莫不有黨務之活動」，「黨務稍有糾紛，則牽連四起」的情況，關注僑團事務的更多是黨務機構。以周啓剛為主任委員的中央海外黨務委員會就從黨務角度提出了「運用僑民團體計劃」，要求：「第一、當健全海外黨部組織，使僑民易受指揮運用。第二、當訓練海外黨員能入僑團活動，並嚴定服務考成。第三、當充分發展華僑教育，注重社教及職業技能。第四、當用柔性方法，向僑民及土著灌輸黨義，期達共存共榮之旨。」

1938 年 3 月在武漢召開臨時全國代表大會，決定恢復設立中央海外部，「掌理海外各級黨部之組織與黨員之訓練及海外宣傳事宜。」但實際上，無論是對海外僑運的指導，還是宣傳方面，海外部都是實際的領導機構。自 1938 年 5 月 7 日開始辦公，在其後的數月裏，對於組織方面、宣傳方面、訓練方面、僑民方面等方面進行了不少工作，而其中僑民方面則包括「救國事業之策勵、民族意識之增殖、國民外交之推動、國際同情之運用、僑民團體之組織指導與及調查統計等，均已依據計劃，逐步推進，施行尚見順利。」〔註 53〕說明海外部恢復設立後，海外僑團的管理權主要由海外部職掌。這也可從 1942 年 8 月國防委員會在處理「中央海外部社會科業務與僑務委員會主管業務牴觸案」中得到求證。僑委會認為：1933 年的「指導海外僑民組織團體辦法」，「此中所謂『酌量』，所謂『相機』，均極富彈性並不同內有須向黨部申請許可之硬性規定，對於組織僑團轉送核辦之機關並不僅限於黨部領館亦得呈轉而其核辦之機關為政府而非黨部。不過規定『僑務委員會核准海外僑民團體備案時應送中央民眾運動指導委員會』（即中央民眾訓練部之前身，亦即中央社會部之前身）備查而已。此尤與當時國內法例大異。現中央院已決定統一民運領導方式，將國內前此屬於黨部之社會機構改隸政府。而對於海外則前此僑運工作，黨的機構本不應責此管，反加以增強，與中央進行對於民運之統一領導政策相違背。」對於海外部認為的未設駐外機構，僑委會

〔註 52〕「關於僑團組織情況等問題的來往文書」，中國第二歷史檔案館館藏僑務委員會檔案，全宗號二二，案卷號 221。

〔註 53〕陳鵬仁主編，劉維開編輯：《中國國民黨黨務發展史料：海外黨務工作》，第 93～109 頁。

認爲它可以通過駐外領館管理之，要求全面管理海外僑團。但國防委員會似乎沒有通過。一直到 1944 年 7 月，國防最高委員會才交給行政院一個議案審議：「關於明定系統劃清職權以利僑務案暨改通僑務行政機構案」。行政院的意見是：「所擬原則第一項『凡屬海外僑務團體以僑務行政機關爲其主管官署，其他有關機關爲目的事業指揮監督機關』，甚爲妥適。其第二項『凡國內僑務團體，以有關各機關爲其主管官署，僑務行政機關爲目的事業指揮監督機關』，擬應改以社會部爲主管官署，僑務行政機關及其他有關機關爲目的事業指揮監督機關。」〔註 54〕但國防最高委員會是否同意行政院的意見，不見相關記載。其實僑團作爲戰時影響僑民是否物力人力支持國民黨的社團，國民黨又怎會輕易放手了？更何況蔣介石也隨後命令：「以海外黨部爲華僑領導機關，著即切實整飭」。〔註 55〕也就是說，在抗戰期間，海外僑團的指導管理主要是由海外部進行的。後來有學者言：「抗戰時期僑務委員會的主要工作多是在國內接待歸國僑民、救濟歸僑、管理回國受教育的僑生等，其對海外僑務反而無法著力。」〔註 56〕是有一定道理的，但並非完全如此，部分海外僑務，包括部分海外僑團業務還是由僑委會出面來處理的，其途徑則是「關於主管事項，對於駐外領事得指揮之」，通過駐外領館來處理。如 1940 年領事張德同就是「奉命前往坡埠辦理調解中華會館新舊職員移交之糾紛」的。在這份張氏寫給僑委會「張德同調解南斐洲坡鳌士碧埠中華會館新舊職員移交糾紛經過及視察僑情報告」裏，他彙報言：「惟默察南斐各地僑務糾紛無已，查其原因，雖難免有私人黨派明爭暗鬥之情勢，惟細察坡埠中華會館之糾紛，其原動力實爲善惡勢力之爭鬥，糾紛雖爲不幸之事，但善惡由之分明，暗示華僑社會之覺悟與進步，是則不幸中之幸也。此次調解坡埠中華會館之事雖未能結束，但對於該埠之眞實僑情，能得切實之瞭解藉供他日處理僑務之參考，誠德同所切望者也。」他的調查結論是，「此次該埠中華會館之糾紛，應認爲會館內部新舊職員之移交糾紛，不應認爲僑團或派別間之糾紛」。〔註 57〕

〔註 54〕「加強僑務行政機構資料四」，中國第二歷史檔案館館藏僑務委員會檔案，全宗號二二，案卷號 7。

〔註 55〕中國第二歷史檔案館編：《中國國民黨中央執行委員會常務委員會會議錄》（二十七冊），第 6 頁。

〔註 56〕李盈慧：《抗日與附日 —— 華僑・國民政府・汪政權》，第 71 頁。

〔註 57〕「關於坡埠中華會館內部糾紛調查報告及會議記錄」，中國第二歷史檔案館館藏僑務委員會檔案，全宗號二二，案卷號 105。

至於其他海外僑務，即使也涉及到海外黨務，僑委會也是盡職盡責來處理的。如「處理中國國民黨駐安南總支部永隆支部茶榮第三分部控告陸偉文」一案中，它並不是聽一面之詞：「敝分部一部份同志當時亦如美萩支部同志一樣，一時不察，予以優容之款洽，且讓出敝分部同志所設之廣肇小學交與他主持」。而是讓西貢領事館幫忙查明，理由是：「永隆支部茶榮分部既讓出廣肇學校俾陸偉文辦平民學校於前，又攻擊於其後。有無其他情形，誠難懸度，擬查明有無立案後，令領館派員調查該校實際情形。」〔註 58〕

也就是說在抗戰期間，若直接涉及組織抗戰事務的僑團問題，主要是由海外部來處理，而純粹是僑團糾紛的，仍主要歸屬僑委會來管理。總的來說，此期間，海外部是管理海外僑團的主要機構，核心機構；僑委會是次要機構，附屬機構。在管理海外僑團中，國民黨政府做了三個方面的工作：延續通過黨員滲透入僑團的計劃，加大黨員在僑團的比例；整合僑社的救國團體，確立僑社主要領導機構；拉攏僑領，通過僑領來控制僑團。

### （二）政策的內容

抗戰正式爆發後，日本侵略者狂妄行為激怒了全世界的中國人。為了有力支持祖國的抗戰，各地海外僑社的紛紛成立各類救國社團，作為指導僑胞支持祖國抗戰的機構。如各種籌賑會、後援會、救國會等救國團體。由於這些僑團高舉著民族主義的旗幟，以共赴國難為口號，一時間，他們成為抗戰時期僑社的主要社團。「民族夾在『人民』和『國家』之間，其形象可以過濾、代表、統一、控制『人民』，也可以將國家相對化、自然化、合法化，甚至將其轉化成傳統和初始的狀態。」〔註 59〕因而如何控制這些救國團體來獲取海外僑社的資源，自然是國民黨政府考慮的問題。

早在 1932 年 12 月國民黨四屆三中全會在其中的「海外工作報告」就提出當時海外黨務的現實：「邇來世界情勢變遷，國內政潮時有起伏，影響所及，其（指海外黨員——引者）精神已漸見煥散，致黨部自黨部，黨員自黨員，僑眾自僑眾，各不聯屬之象。」其後中央海外黨務計劃委員會就提出一個「運用僑民團體計劃」，其中就要求「當訓練海外黨員能入僑團活動，並嚴

〔註 58〕「關於海外黨部、僑校、報社控訴處理」，中國第二歷史檔案館館藏僑務委員會檔案，全宗號二二，案卷號 266。

〔註 59〕〔法〕德拉諾瓦著，鄭文彬、洪暉譯，舒蓉、陳彥校：《民族與民族主義》，三聯書店，2005 年，第 113 頁。

定服務考成。」1938 年隨即要求海外各黨部黨員不能「動輒以『黨權高於一切』、『僑胞應受黨部指導』之驕矜態度施諸僑胞」而是「切實指導，使黨部與僑團之間保持相當距離，凡所指導，只居於督促地位，不得橫加干涉，黨員則以身作則，樹立良好楷模，以博取僑胞之信仰與同情。」1940 年更是提出「海外黨務之設施，以發展僑務爲依歸，是以僑運工作之推進與海外黨務之發展，實有不可分離之關係。」〔註 60〕正是基於這些指示，海外各黨部紛紛以各種形式、身份加入僑團，參與海外僑社救國運動。國民黨秘魯支部「聯合僑團成立抗日救國總會於秘京，在南北中部各埠設立分會……本黨潘勝元同志被選爲總會主席，其餘重要職員及各分會負責人，尤多本黨同志充任。」「巴西直屬支部，恪遵中央訓示『辦理海外黨務，須以僑務爲依歸』的原則，支部委員陳郁周，執委兼秘書陳超山，向來服務於各僑團，歷任救國會及中華會館之主席，常委及書記，使會館黨部化，黨部會館化。」「現居巴西之華僑共有四百四十六名，所有黨員雖未超過全僑之半數，然所有僑團領袖，及有志之士，皆屬本黨同志。」駐多明尼加直屬分部，「工作要點掌握僑團，運用僑團推進工作」。在智利，「昔年原有忠勇堂同盛堂二方言性組織，……乃密授意所屬該會堂籍之本黨同志，以統一僑團，一致對日」。「全面抗戰爆發，本部（駐柬埔寨直屬支部）感於抗戰建國，責無旁貸，乃發動僑胞成立高棉華僑救濟祖國災民慈善總會。」葡屬帝文「華僑不下三千餘人，黨員不少，當盡量以黨領導僑眾，遂決議由支部（駐帝文直屬支部）發起組織中華商會」。〔註 61〕而「菲律賓華僑援助抗敵委員會　係與中國的抗敵委員會緊密結合的機關，是抵制日貨的策動本部，成立於一九三七年十一月，委員長爲國民黨中央委員、中興銀行總經理、木材商福泉公司的李清泉。……菲律賓的『菲島華僑精神總動員會』則是以中國駐馬尼拉總領事楊光泩爲中心，支持抗日工作。」中國駐曼谷「商務委員陳守明……其活動地盤，據說在暹羅華僑籌賑會及中華總商會，尤其在後者所屬的火礱公會、米商公所、銀信公所等，陳的勢力甚爲強大。」「以陳守明爲委員長的『暹羅華僑籌賑會』，在全國設立四十餘個分會進行活動，這可說是形成了援國民政府工作的

〔註 60〕陳鵬仁主編，劉維開編輯：《中國國民黨黨務發展史料：海外黨務工作》，第 68、140、311 頁。

〔註 61〕中國國民黨中央委員會第三組：《中國國民黨在海外—— 各地黨部史料初稿彙編》，第 50、118、119、131、127、300、304 頁。

中心活動部隊。」〔註62〕而在美國，「七七事變，砵崙華僑組織救國宣傳會，努力國際宣傳工作。至民國二十八年冬組織柯省華僑救國統一會，統轄西林，埃市多利，片利頓，碧架，協拿，渦李華，夭振，馬士惠，冚巴夥，勿佛，阿泮地，晏且又，匿加蘭諸分會，前任主席：李廷棟博士，黎神護先生；現任主席林疊博士，巫理唐先生。」〔註63〕李廷棟爲國民黨美北支部常委，林疊，紐約大學哲學博士，曾長期在美國主持國民黨黨務，僑務委員。

而國民黨對海外僑團的滲透控制還有南僑籌賑總會。該會的全名爲「南洋華僑籌賑祖國難民總會」的簡稱，它是由菲律賓僑領李清泉與巴達維亞僑領莊西言倡議，後由莊氏向國民政府報告、得到行政院院長孔祥熙指導的南洋救國團體。1938年10月成立後，即成爲南洋華僑捐款救國的總機關。以下是該會第一屆職員名單：正主席陳嘉庚，副主席莊西言、李清泉，財政員林文田，查帳員曾紀辰，常務委員16人爲何葆仁、陳振賢、王泉笙、李光前、陳肇基、陳三多、李振殿、侯西反、陳延謙、陳占梅、梁燊南、黃重吉、周獻瑞、劉玉水、李孝式、黃益堂等；張開川、郭新、許友超、王景成、白辰恭、鄭玉書、鄭弈定、黃慶昌、黃光饒、洪淵源、黃樹芬等11人候補。〔註64〕在這裡，王泉笙是國民黨中央委員；陳占梅曾任中華革命黨雪蘭峨支部長、僑務委員；李振殿、周獻瑞則是早期同盟會會員，同爲僑務委員；陳嘉庚是僑務委員；莊西言、李清泉、陳嘉庚爲國民參政會參政員；莊西言、李清泉、侯西反都是與國民黨高層來往密切的僑領。這也就是海外部所言的「同志中在社會上有聲望，以熱心辦公益，爲僑胞所推重者亦甚不乏人。如南洋籌賑總會之各屬代表，同志當選，已知者有百分之四十七」，雖然其接著言，「但此爲同志個人之行動，與黨部無關」，可若結合的海外部之前也提出的指示：「值此非常時期，海外華僑運動之策進，首在聯絡全體僑胞一致動員救國工作，以增強抗戰力量，現在海外各地救國團體，紛紛成立，輸捐運動，再接再厲，黨部同志努力宣傳之功，殊不能忽視……今後督促注意於黨團之運用，從各方面努力策動，以爭取僑民團體之領導權，實不容稍緩。」〔註65〕我們

〔註62〕楊建成主編：《南洋華僑抗日救國運動始末（1937～1945）》，〔臺北〕中華學術院南洋研究所，1983年，第46、27頁。

〔註63〕陳汝舟編：《美國華僑年鑒》，第401頁。

〔註64〕廣東省檔案館等編：《華僑與僑務史料選編〔廣東〕》（一），第502頁。

〔註65〕陳鵬仁主編，劉維開編輯：《中國國民黨黨務發展史料：海外黨務工作》，第140～146頁。

可以認爲部分國民黨黨員是在執行上級的指示的。當然我們也不應該忽視他們的僑領身份。故依當時日本人的觀察，南僑籌賑總會的領導人雖是陳嘉庚，但是許多國民黨黨員在會中與陳氏分享實權。〔註66〕

此外1940年1月通過的「僑民教育師資訓練班簡章」提到其宗旨是「養成優良師資，擔任僑校教育；並使之具備推進僑民公私團體業務所需各種知能，俾於必要時，兼辦僑團事項，以協助僑務之有效進展，而適應建國之需求。」〔註67〕同時期中央黨部舉行的「海外黨務高級幹部人員訓練班」則訓練黨務人員「分發海外部各處科實習後，派往海外各地黨部黨報及學校擔任重要職務。」〔註68〕也就是要求在海外僑社控制話語權。

除了通過滲透僑團控制僑團外，在抗戰時期國民黨的海外僑團政策莫過於整合救國團體，統一領導機關。

在美國，「抗戰開始，旅美各城鎮之華僑，凡有五十人以上者，莫不紛紛組織救國會，捐輸救國，努力宣傳。」「計全美華僑一共成立大小救國會九十五處」。〔註69〕抗戰不久，新、馬地區就擁有有二百餘救國團體。〔註70〕據統計，1937年七七事變至1940年12月，海外華僑組織的救國團體達919個單位，其中南洋僑團占703個，而馬來亞又是最多的，是238個。〔註71〕據時人李屛周的統計，南洋各地華僑救國團體的分佈情況大致如此：

| 國　　名 | 職業團體 | 社會團體 | 救國團體 | 合　　計 |
|---|---|---|---|---|
| 馬來亞 | 324 | 958 | 238 | 1520 |
| 暹羅 | 89 | 47 | 137 | 273 |
| 菲律賓 | 89 | 120 | 147 | 356 |
| 緬甸 | 15 | 90 | 28 | 133 |

〔註66〕楊建成主編：《南洋華僑抗日救國運動始末（1937～1945）》，第37頁。

〔註67〕「僑務法規及有關文書」，中國第二歷史檔案館館藏振濟委員會檔案，全宗號一一六，案卷號92。

〔註68〕中國國民黨中央執行委員會宣傳部編印：《抗戰六年來之黨務》，1943年，第23頁。

〔註69〕陳汝舟編：《美國華僑年鑒》，第392～393頁。

〔註70〕蔡仁龍、郭梁主編：《華僑抗日救國史料選輯》，第138頁。

〔註71〕李屛周：《一年來華僑救國社團活動情形》，《現代華僑》第2卷第2、3期合刊，第18～19頁。有學者言在抗戰伊始，馬來亞華僑就組織救國團體「共有二百零七個單位」。見黃福鑾編著：《華僑與中國革命》，（香港）亞洲出版社有限公司，無出版年代，第232頁。

| 安南 | 14 | 23 | 101 | 138 |
|---|---|---|---|---|
| 印度 | —— | 6 | 1 | 7 |
| 北婆羅洲 | 11 | 18 | 8 | 37 |
| 荷屬東印度（今印度尼西亞） | 115 | 319 | 43 | 477 |

面對如此眾多的高舉民族主義旗幟的救國團體，如何促使它們更好爲國民黨服務，無疑是國民黨高層必須考慮的問題。1937 年 8 月 27 日國民黨第五屆中執會常務會議第五十一次會議出臺了一個「非常時期海外各地救國團體組織暫行辦法」，以之作爲指導管理海外救國團體的依據。根據這個辦法，我們也可從中瞭解到爲何抗戰時，出現海外救國僑團紛紛整合的情況。「非常時期海外各地救國團體組織暫行辦法（密）一、海外各地救國團體之組織須參照指導海外僑民組織辦法，海外華僑團體備案規程及其他有關法令之規定辦理之。二、海外救國團體之組織每埠以一個爲原則，附近小埠及分設下級團體。三、海外救國團體及組織聯合會，但每屬亦以一個爲限。四、海外各屬救國團體名稱不必強求。一律並應審察環境情形及需要酌用慈善團體名義，以求實效。五、海外救國團體之會員得分爲團體會員及普通會員兩種，並應注意延引同鄉團體暨商業團體爲組織之樞幹。六、海外救國團體以各該地高級黨部及使領館爲指導及監督機關，其指導權監督權行使之分際，由黨政兩方共同商定之。七、海外救國團體應遵守修正人民團體組織方案第三節人民團體組織程序第三條各款之規定。八、海外救國團體工作除著重募捐及宣傳外，並應注意其他有關救國事項。九、海外救國團體之成立工作狀況、財務情形，除依照法令規定辦理外，應向中央直接報告。十、本辦法經中央執行委員會核准施行。」〔註 72〕雖然其時，中央海外部還沒有成立，但一旦成立，也自然而然承接該政策了。這也是政策具有延續性的一個表現。

1938 年底，程天固奉命視察海外外交事務時，任務之一就是整理海外僑團事務，整理的原則是根據中央之前確定的「統一海外僑團」的原則。「我此次到西貢去，曾受當局之委託，調停當地僑團救國工作之糾紛」，「奉命促進各埠統一救國團體之主張」。因爲「中央當局……曾經通令各埠僑團，把所有各種名義救國團體，加以統一改組。」在國民黨中央高層看來，「一經統一組

〔註 72〕中國第二歷史檔案館編：《中國國民黨中央執行委員會常務委員會會議錄》（二十二冊），第 150～151 頁。

織之後，彼此成爲一體，已無畛域之分，自無工作上的重複、衝突、矛盾等等糾紛，從而一切進行，自然比較順利，成績必定增高。」〔註 73〕其實國民黨對海外僑團是下些功夫的，不僅程天固作爲外交特使將統一海外僑團作爲任務之一。其他國民黨大員也是在這方面努力的。「國民黨的中央委員劉維熾專程來到多倫多，與當地的國民黨領導人張子田、麥錫舟共同努力，於 1938 年 2 月創建了華僑抗日救國會，迅速將華人團體聯合起來。……在募捐活動中，華僑抗日救國會也採取了強制性的方法：規定所有華人有義務捐款，對拒不捐款者予以處罰和曝光。」「在蒙特利爾，劉維熾也發揮了重要的組織作用。他從多倫多來到該城組建華僑愛國同盟，參加的團體組織有國民黨、洪門民治黨、中華基督教青年會等。」「在溫尼伯，當地的國民黨領導人區富建立了救國組織，後更名爲華僑愛國同盟。」〔註 74〕抗戰開始後，舊金山的國民黨美國總支部與商會共同組織抗日救國會，中華總會館則組織抗日後援會，各自進行抗日活動，後經中國駐舊金山領事黃朝琴斡旋，即由 96 個華僑團體聯合組成「旅美統一義捐救國總會」（Chinese War Relief Assn of America），且合併上述兩會。〔註 75〕主席爲鄺炳舜、何少漢、陳篤周。「該會所轄範圍頗寬」。〔註 76〕（1937 年）同年 10 月 13 日，司徒美堂發動紐約 54 個僑團，組織了紐約華僑抗日救國籌餉總會（簡稱紐約籌餉總會）。籌餉總會下設文書、會計、募捐、宣傳、事務等各科，每科設主任 2 名至 6 名，後增加評捐部與懲戒部。這個組織是美洲華僑支持祖國抗戰作出顯著貢獻的大型抗日救國僑團之一。7 月 9 日，波士頓的華僑召開會議，並成立了新英格蘭救援中國委員會。秘魯華僑有抗日籌餉總會及下屬各分會、抗日籌餉會、對日備戰籌餉會、婦女紅十字會等。巴拿馬華僑有救國總會及下屬各分會，抗敵後援會等。古巴華僑有抗日後援會總會及下屬各分會。智利華僑有抗日籌餉後援總會及下屬各分會。哥倫比亞華僑有救國會、中國幸福委員會等。厄瓜多爾華僑有救國總會及下屬各分會。而在越南，1938 年初也組成了越南華僑救國總會（簡稱越南救總）。救總選出張長（廣肇善堂副主席）、顏子俊、陶笏庭、陳肇基、張偉堂等爲常務理事，還選出理事和監事多人。……據統計，

〔註 73〕程天固：《程天固回憶錄》（下），第 326～327 頁。
〔註 74〕潘興明著：《20 世紀中加關係》，學林出版社，2007 年，第 69、70 頁。
〔註 75〕李盈慧：《抗日與附日 —— 華僑・國民政府・汪政權》，第 212 頁。
〔註 76〕陳汝舟編：《美國華僑年鑒》，第 397 頁。

越南救總在各地設立分支會 35 個單位，團體會員 77 個，個人會員 75 個，「全越華僑表現空前團結」。〔註 77〕在「新、馬地區原有二百餘救國團體，自籌賑總會成立，分別改組爲支會、分會，行動趨於一致。」〔註 78〕

在僑團政策方面的策略，國民黨中央除了利用黨務力量滲透、整合僑團外，他們還在拉攏僑領方面進行努力。畢竟一般在海外僑社，僑領往往就是某個社團的領導人、主持人，他們在處理僑社相關事務中是具有舉足輕重的作用。「華僑遠居海外，不能直接受到祖國的統治與保護，一切有關公共福利的事件，都需要自己組織團體來經辦。」而「僑團必須要有統一的組織與統一的領導。」〔註 79〕由此可見僑領在僑社的作用。「僑領是他們會社中的積極而慷慨的成員，因爲他們在籌款運動中保證出最多的錢。他們的名字和捐款金額都在當地報刊刊出，並顯著地寫在懸掛於會社總部牆上的紅紙條上。他們被選爲高級職員或執行委員會委員。……這些僑領有財產，有職位，還有他們會社的支持。於是以財富爲基礎的等級制度就在會社的內部發展起來。最重要的是，會社是唐人街的商人階級保持社會控制的手段。」〔註 80〕因而，如何拉攏僑領，如何達到利用僑領控制僑社，無疑是國民政府僑務政策的一個指標。

譬如在太平洋戰事爆發後，在救濟方面給予僑領特殊的對待。在雲南救僑期間，雲南緊急救僑委員會就「商請省府指撥西郊名勝大觀樓一部爲接待僑領眷屬之用。」〔註 81〕在重慶則專門建造華僑招待所給予安置。僑委會在相關的報告中也提到「關於優待僑領一事，務對僑領車入渝均請警局保護外，各僑務局截止十一月止，共招待 1429 人。」〔註 82〕說明國民政府在對待僑領方面是有著特別的指示的。「溯自太平洋戰事爆發以來，南洋各地歸國僑領絡繹不絕，同時國際人士往來亦繁。本黨領導抗戰，對於南洋僑胞允宜加以撫慰，宣示中央德意，而國際人士之來渝者，亦當優予招待，以睦邦交。關於

〔註 77〕曾瑞炎：《華僑與抗日戰爭》，第 66～69 頁。

〔註 78〕蔡仁龍、郭梁主編：《華僑抗日救國史料選輯》，第 138 頁。

〔註 79〕王基朝：《怎樣調整僑團》，《華僑動員》第 14 期，第 4 頁。

〔註 80〕〔美〕彼得·鄺（Kwong,p.）著，楊立信、壽進文等譯：《新唐人街》，第 110 頁。

〔註 81〕龍雲：《雲南省辦理救僑事宜之經過》，《華僑先鋒》第 5 卷第 4 期，第 10 頁。

〔註 82〕「僑委會政績比較表（1942 年）」，中國第二歷史檔案館館藏僑務委員會檔案，全宗號二二，案卷號 87。

上項事務，曾奉總裁一再指示，應予格外注意。」〔註 83〕事實上在社會工作學中，有一種觀點就認爲在進行社區工作中，爲了更好地開展工作，一種比較快捷且又有效的途徑是與社區的權威人物、領導人物打好關係，通過他們來開展工作，是可以收到比較好的效果的。國民黨高層不僅在日常事務中給予僑領特殊的對待，如侯西反、陳守明、胡文虎等人來渝，往往得到國民黨高層相陪及接待；部分僑領逝世時，國民黨高層也會致文哀悼；而且同時積極拉攏部分僑領加入國民黨組織。陳嘉庚被動員加入國民黨一事就是一例。此外在相關事務中也給予僑領一定的地位。如在戰時聯席會議上，僑領是參與人之一。該機構隸屬於具有領導戰時海外工作性質的「指導海外戰時工作聯席會議」。工作範圍包括：（一）指導疏散僑民，（二）成立防衛組織或參加義勇隊，（三）辦理救護事宜，（四）加強宣傳工作，（五）舉行官兵及有關戰時工作人員慰勞，（六）募捐，（七）防奸調查，（八）軍事情報，（九）救濟戰地淪陷僑民等項。〔註 84〕

## 三、救僑保僑政策

「對外交涉則有古巴五十工例、東斐歧視華僑、巴拿馬排華懸案，均商洽外交部在分別進行中。千里達華僑由圭亞那入境已商定手續；洪都拉斯修正移民法取消，對於中國移民之限制，尼加拉瓜修改移民律，允許華人入境，與歐洲人同等待遇。薩爾瓦多已在移民禁例中將中國人除外，並給予簽證，廢止華人登記冊；哥斯達黎加廢止限制華人移民律，予華人入境；澳大利聯邦改善華僑待遇；南非洲聯邦在杜那兩省亞洲人法案中將華人除外；加拿大對中國人及其後裔之遊歷過境與離加辦法予以改善；紐絲綸對暫居滿期之華僑一律展期至一九四五年七月以後，並廢除移民律內有著歧視華人條款；瓜地馬拉規定華僑居留人數爲六五七人，並刪除一切律例所稱中國國民爲不受歡迎份子等字樣，又取消第一八一三及一八二三命令中之對華商開設新店或遷移與擴充營業等限制，仍由我領事館交涉入境問題；菲律賓限制華僑恢復商業須九十天後方能核發執照，又擬驅逐菜市華僑兩案，經商得菲總統同意，

〔註 83〕「國民黨中執會秘書處建築華僑招待所工程圖樣及施工說明書」，中國第二歷史檔案館館藏行政院檔案，全宗號二，案卷號 6668，微縮號 16J-1331。

〔註 84〕陳鵬仁主編，劉維開編輯：《中國國民黨黨務發展史料：海外黨務工作》，第 342 頁。

在審查期間，仍得營業，並電菲政府將菜市案暫從緩辦，而戰事損失賠償，華僑亦應與當地人民同等待遇；其最堪重視者，厥爲美國廢除排華律，並每年允許一百零五人移美。此外中荷新約、中墨、中秘條約、中美、中英友好通商條約均有關根本保僑，亦繼中美中英新約、中古中巴中多中哥中富中加友好條約之後而在分別商訂之中。」此爲僑委會對第四屆第一次國民參政會就其主管部份作的工作報告的一部分。〔註 85〕說明抗戰爆發後，國民政府在保僑方面仍然在進行廢約行動，以之祈求保護海外華僑。除此之外，還繼續延續戰前的保僑政策，對僑眷、歸國僑民進行生命財產等方面的保護。而隨著國際形勢的變化，保僑的輕重點有所變化，國民政府保僑工作的重心逐漸轉移到如何救濟與安置歸國難僑、僑生與僑眷上來。

### （一）抗戰時期日常保僑行動

「移殖保育」是自民國之始，民國政府議定的僑務四大原則，但由於國際環境等因素的影響，「移殖」政策是民國政府無法做到的，因而在僑務政策方面的民國政府往往在「保育」兩方面努力。抗戰爆發後，南京國民政府延續「保僑」政策，對僑眷、歸國僑民進行一定程度的人身財產方面的保護。在這些保僑裏面，既有金錢救濟，也有工作救濟以及僑眷方面的各種救濟。如豐順張鑑初「曾護衛總理多年，廿八年因公被逐回國，當時雖在困難之中，亦曾獻金數千元爲救國之用。現暹羅降倭接濟中斷，生活困難，情殊可憫」，後由僑委會接濟費五百元。歸僑馬人傑「川資告竭」、「來渝生活困難」，後由僑委會「給予該歸僑馬人傑及其妻陳建華救濟費，每人國幣各拾伍元，給予其子徵鴻徵淳救濟費每人國幣五元，合計肆拾元。」「華僑司機方金樹確係廿八年由馬來亞籌振總會介紹回國服務。曾在輔委會登記發給歸僑證第一四四八號」，「被裁困苦，請求救濟」。後「奉批經往貴州省緊急救僑會面洽」，卻被「答以人數過多爲辭」沒法得到貴州省緊急救僑會的救濟，最終由僑委會「發給救濟費國幣三百元」由銀行匯寄之。而「襄居南洋對於祖國抗建及慈善公益事業，熱心捐助，不遺餘力」的歸僑黃元根也是由僑委會的給予救濟。但如此眾多的僑民救濟與僑委會的實際能力有限兩者不可協調的矛盾，促使了部分職員的厭言產生「此項海外僑胞歸國後受抗戰損失，家破產蕩者，如萬勝計。此件應改擬辦法。照職意見，本會經費有限，無法援助，請轉向難

〔註 85〕「僑務委員會向國民參政會四屆一次大會提出工作報告」，中國第二歷史檔案館館藏行政院檔案，全宗號二，案卷號 6667，微縮號 16J-1331。

民救濟會或振濟委員會請求酌予救濟等語，是否有當？敬請核示。」厭言歸厭言，工作歸工作。緊張的保僑還是在積極的進行。如「在左植君呈請救濟事」中，就是該職員請示「查此件請求介紹工作或先貸款一百元以救燃眉之急，應無撥款救濟？理合敬請核示。職陳培庵簽呈」後因「此件通信地址不明」，「擬存檔」處理。〔註 86〕

在保僑方式方面，除給予錢物救濟，還給予部分有工作能力的歸僑介紹工作。如「在陳明琛要求救濟一案」中，僑委會就致函福建省政府，要求「擬請就近酌予工作。相應抄錄原呈附暨履歷片。」這其中當然也有部分歸僑不是很滿意所介紹的工作，僑委會也表現出一種無奈：「查非常時期度支困難，豐順縣政府既肯畀予工作，已屬優待歸僑，自應努力供職，以圖爲國盡力。仰即知照。」因爲歸僑吳子輝認爲「該職月餉不過二十餘元」，「區區月餉詎足維持，更無論子輝過去二十餘年從事黨務工作於特務長職是非素習」而「無法接受。」〔註 87〕

在保僑政策的體現也反映在諸多瑣碎，但又具有一定意義的事情上面。〔註 88〕如在歸僑與兵役方面，僑委會及其下屬機構就進行了不少工作：「歸僑緩服兵役的提案」、「轉軍政部查辦臺山恩平鄉保甲長藉詞徵抽兵役勒索僑眷案」、「與廣東軍管區司令部洽辦歸僑緩役兩年案」「奉會令轉知僑眷郭春唐步庭呈控辦理兵役人員舞弊勒索僑眷案」等等方面的工作。而在生命財產方面則有：「電赤溪縣政府澈查土豪串劫歸僑羅聯偉案」、「函粵漢路局及警備司令查明泰國歸僑曾次明行李被竊，請緝究案」、「呈會轉財部核辦香港歸僑梁臺勳攜運返國黃金被曲江扣留案」、「關於周任偉被誣扣押案經準戰區長官及省府暨恩平縣府先後電覆依法辦理案」、「函警察局嚴辦竊匪並追回歸僑失物案」、「黃懋蘭呈工廠被竊請求緝盜案」「函警察局及警備司令部緝拿拐騙僑女黃月蓮等三人之拐匪司徒儒歸案嚴辦案」、「協助歸僑贖頂屋契」等等。甚至細節到「代收匯款」、「代領國民身份證」、「代納稅」等等。這些事情看似瑣碎，似乎若沒有一個專門的機構來處理，確難以保證政策的有效性，尤其是

〔註 86〕「關於歸僑一般救濟問題」，中國第二歷史檔案館館藏僑務委員會檔案，全宗號二二，案卷號 295。

〔註 87〕「1938～1940 年各地僑民請求介紹工作」，中國第二歷史檔案館館藏僑務委員會檔案，全宗號二二，案卷號 194。

〔註 88〕相關案例可參見中國第二歷史檔案館館藏僑務委員會檔案，全宗號二二，案卷號 57、277、501、504 等檔的內容。

在一個社會公共制度並不完善的環境之下。江門僑務局一份工作報告裏面一事頗能說明一些問題：「本會委員兼中華救護隊主任張天爵到稱：此次由港押運棉衣藥品數大箱，因被關員多方留難檢查，請轉向關代為解釋，俾免逐箱檢查，（本局）當即派員前往疏通。結果，免予逐箱拆檢放行。」〔註 89〕因而我們在考慮民國時期，尤其是戰爭時代時，在國家管理中，即使是國家權力邊緣化的機構，他們對保證相關政策的實施也是作用性很大的。「有閩籍歸僑趙愛正陳群等一行十人由港回國，取道惠州行抵河源來局聲稱，在惠州自僱民船一艘，擬直達老隆，議訂船價一千元。詎船開行後，因人力不敷，行駛甚慢。由惠州抵此已歷十餘日，且船家沿途諸多恐嚇。倘再赴老隆，則恐耽誤時間，伙食固無法維持，且有危險之虞，請求交涉退船起岸步行往韶等語。當經飭傳船家徐勝到局解釋搭客退船原因，勸其收回船費半程，方便僑旅。該船家堅持原約，載赴老隆，收足船費。經本局（指汕頭僑務局）極力調解，並由該僑等自願加給一百元，船家始允接納。此案遂告完滿解決。」「查優待歸僑乘船辦法早經與惠州輪船公會交涉，訂定優待歸僑照價六折購票有案，惟迭據歸僑經過河源來局報稱，此項辦法輪船多不遵守，以致糾轕頻生，經本局於去年先後函請廣東省緊急救僑委員會惠陽辦事處、廣州航政局汕頭辦事處暨廣東省第四區行政督察專員公署及各有關機關協助飭遵又在案，但間有輪商仍復陽奉陰違。本月二十四日（指 1943 年 2 月 24 日）有港僑方覺民暨妻梁勝彩孫方曼梨一家三口來局報稱，由惠陽搭合群輪船前來河源，該輪商不允六折收費，經與力爭，他不但置之弗恤，且揚言如不十足給值，則將行李扣押作抵等語，船中乘客皆代抱不平，並囑到河源請僑務局代為解決，現抵河源請求協助調處，以便直赴老隆轉韶云云。本局（指汕頭僑務局）據此當即傳集該輪商曉諭，責令遵照成案辦理。該商亦自知理屈，改變態度，遵照六折收費。此案遂告解決。」〔註 90〕在這裡除了說明涉及政策的工作量是巨大之外，還可說明眾多僑胞面對僑委會，似乎找到一個娘家似的，什麼事都通過僑委會來處理。而僑委會雖由於身處權力的邊緣，但也盡力去協調處理，以給海外僑胞一個國家關心僑胞的國家形象。

〔註 89〕「河口海口江門僑務局工作報告」，中國第二歷史檔案館館藏僑務委員會檔案，全宗號二二，案卷號 504。

〔註 90〕「廣東及汕頭僑務局處工作報告」，中國第二歷史檔案館館藏僑務委員會檔案，全宗號二二，案卷號 501。

### （二）救僑大行動

抗戰爆發後，海外華僑的熱情及其對祖國的支持，促使國民黨對海外華僑的重視。在國民黨的五屆六中、七中、八中會議上，國民黨中央都相繼提到有關保僑護僑的問題：「關於僑務最重要者為謀保障僑胞之安全及發揮僑胞之物力人力，以用於抗戰之事業。」〔註91〕1939年的五屆六中全會在「關於政治報告之決議案」裏提及此。在這裡國民黨將保僑與利用華僑之力量視為僑務的兩大核心任務。「南洋方面之黨務，尤須乘此時會，協力於保僑、護僑、教僑之工作。」此為五屆七中全會中，「對於黨務報告之決議」裏所提及的。「如何有效保僑」、「對於僑胞之安全與產業，盡力予以維護」，〔註92〕則為五屆八中全會「對於政治報告之決議案」所言的。

而隨著日本南進政策的推行，國民政府意識到居住著我國大部分華僑的南洋形勢的危機。隨之行政院頒佈「緊急時期護僑指導綱要」（共十條），以之作為指導戰時歸僑救濟、事業經營等的政策。依該法令，僑委會成立回國僑民事業輔導委員會，職掌為指導扶助戰時回國僑民事業之經營，及發展與救濟。輔委會為安置戰時歸僑開荒墾殖，又相繼在南方各地建立歸僑村。整個救僑範圍大致包括海外各地的歸僑及難僑。

1941年12月8日，日本襲擊珍珠港，引發太平洋戰爭的全面爆發，南洋一帶陸續淪為戰區。為了逃避戰火，此地區的僑胞要麼就地向僻遠地區轉移，要麼向國內逃難。由於向國內轉移的僑胞數額巨大，從而引發大規模的難僑潮。而在1938年4月3日公佈、具有指導抗戰時期國家抗戰的綱領文件——《中國國民黨抗戰建國綱領》的規定：「救濟戰區難民及失業民眾，施以組織及訓練，以加強抗戰力量。」〔註93〕因而太平洋戰事爆發不久，國民政府行政院就發出訓令，要求各地迅速妥善救僑。「敵伐南侵，彌天烽火，念我僑民同遭禍變，向者輸金納粟，濟邦國之艱危，今茲別子離妻，痛家室之破毀，興言及此，愴惻良深。著由行政院分飭主管部會及有關各省政府迅速妥籌救濟，庶伸饑溺之懷，而慰黎元之望。此令。」〔註94〕1941年1月行政院公佈

〔註91〕榮孟源主編：《中國國民黨歷次代表大會及中央全會資料》（下冊），第605頁。

〔註92〕榮孟源主編：《中國國民黨歷次代表大會及中央全會資料》（下冊），第632、683、684頁。

〔註93〕陳仲道編：《抗戰中的中國國民黨》，生活書店，1938年版，第8頁。

〔註94〕福建省檔案館編：《福建華僑檔案史料》（下），第1716頁。

也已公佈《緊急時期護僑指導綱要》等法規指導救僑。其後，國民政府紛紛成立相關的救僑組織、救僑機構（如廣東、福建、廣西、雲南、貴州等省份紛紛奉命成立緊急救僑委員會）投入救濟、保護、引導海外歸僑、難僑工作。同時中央多位涉僑機關領導人，如振濟委員會委員長許世英、海外部部長劉維熾、僑務委員會委員長陳樹人等，也紛紛奉命開赴救僑最前線，處理救僑工作。而中央政府也在戰時經濟緊張的情況下，下撥鉅款用於救濟。〔註95〕

綜觀這段時間的緊急救僑行動，它大致涉及到三個方面的內容：組織、經費、救濟辦法。

「辦理振務，首貴迅速，工作推行，惴重組織。……在國內西南歸僑入境要衛或故居眾多之省，海外南洋華僑雲集或交通孔道之地，籌設救僑機構」。〔註96〕這些因戰時緊急時期成立的救僑機構，是專門用來辦理救助歸僑的，連當時專門的僑務行政機構也只是其中的輔助機構而已。「本處（廣東僑務處）爲會（僑委會）駐粵之辦事機關……當太平洋戰事爆發之時，僑務中心側重於救僑方面，今後工作自應依爲鵠範……救僑工作包括搶救、急賑、收容、輸送、安置等事，非群策群力不爲功。自中央指定粵省方面由緊急救僑會統籌辦理後，本處工作自應側重於協理聯絡方面。」〔註97〕這些應戰時之急而設立的專門救僑機構——緊急救僑委員會往往是涉及多部門的，這是有助於救僑工作的有效進行。福建省在1942年2月9日即「遵照中央意旨及本省政府委員會第二六六次會議議決案組織成立福建省僑民緊急救濟委員會，由劉主席兼主任委員，省黨部陳主任委員肇英、省臨時參議會鄭議長祖蔭、僑務委員會福建僑務處鄭處長源深、賑濟委員會第七救濟區駐永安辦事處王主任揆生、省賑濟會陳代主任委員培錕充任常務委員，並聘本省各有關機關主管官暨僑領僑胞以及地方熱心僑務士紳充任委員，設秘書室及總務、救濟、事業、調查、審核、宣傳六組。又奉令改稱爲福建省緊急救僑委員會，嗣於六月間，調整內部組織，增設常務委員二人，由本省社會處鄭處長傑民、省政府丘委員漢平充任，改設秘書室及緊急救濟、生產事業兩組，分別負責

〔註95〕部分研究成果可參看賀金林：《太平洋戰事前後國民政府救濟難僑的活動》，《華僑華人歷史研究》2005年第3期。

〔註96〕許世英：《一年來之救僑工作》，《華僑先鋒》第5卷第3期，第1頁。

〔註97〕「廣東及汕頭僑務局處工作報告」，中國第二歷史檔案館館藏僑務委員會檔案，全宗號二二，案卷號501。

繼續辦理。」〔註98〕1942年2月17日雲南省也在商定組織救僑機構。「省振濟會、昆明難民總站、昆明僑務局、省黨部、市政府、警備處、公路總局、中緬運輸局、中國運輸公司、紅十字會駐昆明辦事處、昆明紅十字會分會、衛生實驗處、雲南僑胞墾殖委員會、抗敵後援會、新運促進會、市商會、銀行公會凡十七單位」聯合召開會議，並於2月26日決定成立緊急救僑委員會，同時推舉省振濟會、昆明難民總站、昆明僑務局爲常務委員會負責會議，以僑務局爲臨時辦公會址。〔註99〕這些緊急救僑委員會在全國共設立於五個省份：廣東、福建、廣西、雲南、貴州，要麼是僑鄉，要麼是歸僑歸國的入口省份。各省緊急救僑委員會均同各省政府主席擔任主任委員。而其他有關省份也設立相對的歸僑接待機構，如湖南就在衡陽組設招待歸國僑胞辦事處，「辦理招待歸國僑胞，指導其旅寓所在地及旅行上應行準備事項。」〔註100〕

大部分緊急救僑機構往往在歸僑返鄉的沿路上設立機構給予幫助。以廣東爲例，廣東省緊急救僑委員會就「廣爲設立救僑機構，計在惠陽、臺山、茂名、豐順、興寧、高要等六地設置辦事處，以便分區辦理救僑事宜。嗣又派出救僑隊十四隊，醫療隊七隊、婦兒搶救隊三隊，共二十餘隊出發東江、西江、南路各縣，從事救護工作。至歸僑入口及各路線，亦分別先後成立招待所及護送站共七十三處，另在曲江成立第一僑胞招待所，樂昌成立第二招待所，四會成立第三招待所，仁化成立第四招待所，始興成立第五招待所，南雄成立第六招待所，分別辦理緊急救僑工作。」〔註101〕同時政府還與相關商人協商，設立部分接待站「負責接待疏運。」〔註102〕此外，在昆明還活躍著僑民自主成立的同鄉會進行自我救助。「嗣由兩廣同鄉會採取租車辦法，向有關之同鄉及商人，征集車輛，車輛問題始得解決」。〔註103〕在廣東，廣州基督教青年會也成立歸僑服務委員會，在東江、西江、北江以及四邑和廣州灣（即現廣東省湛江市）設立總站和分站接待歸僑。至1942年底共接待難僑近

〔註98〕福建省檔案館編：《福建華僑檔案史料》（下），第1738頁。

〔註99〕龍雲：《雲南省辦理救僑事宜之經過》，《華僑先鋒》第5卷第4期，第10頁。

〔註100〕薛岳：《湖南省救濟歸僑經過》，《華僑先鋒》第5卷第4期，第13頁。

〔註101〕劉維熾：《緊急救僑經過》，《華僑先鋒》第5卷第3期，第11頁。

〔註102〕「林遠聲信件」，中國第二歷史檔案館館藏僑務委員會檔案，全宗號二二，案卷號8；劉維熾：《緊急救僑經過》，《華僑先鋒》第5卷第3期。

〔註103〕劉維熾：《緊急救僑經過》，《華僑先鋒》第5卷第3期，第9頁。

20萬人。〔註104〕中央政府、地方政府及難僑自身在這場運動中相互設立機構組織運作於救濟，體現了三位一體機制的功能，值得深思。

而經費來源方面則包括中央撥款、地方政府籌款、海外華僑捐款。

「正當香港事態嚴重，僑胞待救孔亟之時，中央即於戰事爆發之同月二十日由振濟委員會海外部僑務委員會教育部外交部行政院秘書處等機關共同開會商討救濟辦法，幾經磋商，結果擬定救濟辦法大綱，呈請總裁指撥救僑經費一萬萬元，……嗣以中央財政困難，實際只先後領到四千一百四十萬元。」〔註105〕這些經費是由成立的五個緊急救僑委員會分領。除了中央劃撥的經費外，部分省份也紛紛籌款給予難僑的救濟，其中尤以僑民居多的省份積極。廣東至1942年3月9日止即籌款100萬用於救僑，從某種意義上也反映廣東在救僑方面的積極性。此100萬其中包括省政府捐助的50萬元、廣東省銀行捐助的30萬元以及廣東各界捐款。廣東軍政首腦李漢魂及余漢謀也各捐1萬元。〔註106〕廣西在1942年3月至9月也向社會募徵到21萬多元用於救僑專用。其後還陸續募集到一些救僑捐款。〔註107〕除了中央與地方的捐款外，還有部分經費是來源於華僑的捐款。「將華僑指捐潮屬振款四十四萬元百分之五十配發各縣，以爲辦理平糶，運輸各項損失費，及將華僑指捐六邑振款十六萬元撥六邑旅韶同鄉救鄉會迅速舉辦平糶。」〔註108〕除了經費之外，中央在物資方面也給予救僑特殊的對待。如作爲戰時戰略物資、統制對象的汽油。「因政府統制汽油，市面無法購用，預計汽車一項，

〔註104〕鄭澤隆：《李漢魂與抗戰時期廣東救僑護僑述評》，《廣州大學學報（社會科學版）》2006年第3期，第29頁。

〔註105〕劉維熾：《緊急救僑經過》，《華僑先鋒》第5卷第3期，第9頁。而財政部發表的數字爲44,300,000元：「其確實統計如下，由該部徑奉行政院緊急命令撥發者，截至本年（按指1943年）二月十日，撥發救濟經費共計四四三○○○○○元，內撥振委會之國外戰區及歸國僑胞救濟費二七○○○○○○元，歸國僑生救濟費二○○○○○○及僑胞招待經費八○○○○○元。雲南省政府建築華僑新村經費一○○○○○○元，及救濟經費六五○○○○○元。廣東省政府救濟費四○○○○○○元，貴州省政府二○○○○○○元及廣西省政府一○○○○○○元云。」載《華僑先鋒》第5卷第1期第25頁。

〔註106〕鄭澤隆：《李漢魂與抗戰時期廣東救僑護僑述評》，《廣州大學學報（社會科學版）》2006年第3期，第29頁。

〔註107〕唐淩：《抗戰時期廣西的救僑工作》，《八桂僑史》1999年第4期，第23頁。

〔註108〕「廣東省政府工作報告」，中國第二歷史檔案館館藏振濟委員會檔案，全宗號一一六，案卷號229。

尚缺四百大桶，由是會同陳委員長（即陳樹人）電請總裁核發，當蒙電覆照准，乃與軍政部交通司洽商發手油續（應爲「發油手續」），定爲第三日發油一批，車輛汽油問題既告解決。」〔註 109〕

「此次救僑，原意固在救濟罹難的歸僑並解除其生活上之痛苦」。〔註 110〕至於救濟辦法主要包括幾個方面：A 撥生活費、B 接待及提供住宿、C 提供醫療、D 護送。

生活費方面是如此規定。「本來粵省歸僑之生活，救濟每人每日原發二元」，嗣後廣東「省緊急救僑委員會亦以各地物價飛漲，歸僑生活因而影響，由本月（即 1942 年 5 月）十一日起改發歸僑生活補助費每人每日三元，並自十六日起，改發米糧，大口每日司馬秤一斤，小口半斤，（有米發者，改發生活費一元）。」〔註 111〕小口是指六歲以下的歸僑。在廣西方面也大致相似：1942 年 3 月每人每日定爲國幣 3 元，4 月每人每日爲 4 元，後奉中央指示，改爲大人 6 元，小人 4 元，並規定每至一處，經登記後即發給 2 日的救濟費，如因候車、船須逗留的須續發 2 日，如爲技術員工或學生等候職業或入校學習，得續發 10 日。從 9 月 10 日起，改變救濟辦法，規定每人發給一次性生活補助費 100 元，不再發給其他費用。〔註 112〕昆明發放的生活費大致是按中央的規定的。「現救濟僑會每人日發六元不敷日給，回籍者發盤費百元亦不敷沿途伙食，此間同鄉籌劃補助，備極艱辛。」〔註 113〕福建方面是如此：「對於各站發給歸僑救濟費，最初規定每口每日一律發給五元（每日路程以二十公里計算），嗣奉賑濟委員會電飭政府大口六元，小口四元，旋又奉令增爲大口十元，小口六元，遞站發給至原籍爲止，自三十一年十月一日起，爲謀歸僑便利，以免在途耽擱計，復改定歸僑沿途給養集中發給辦法，凡有歸僑經過韶關時，除由粵救濟會發給救濟費九十元外，並由本會駐韶聯絡站，加發由韶關至長汀約八百華里，給養費大口一百一十元，小口三十元，以符中央大口每四十華里發給十元，小口六元之規定，歸僑到長汀後，再由長汀縣政府依

〔註 109〕劉維熾：《緊急救僑經過》，《華僑先鋒》第 5 卷第 3 期，第 9 頁。

〔註 110〕薛農山：《一年來的救僑工作》，《華僑先鋒》第 5 卷第 1 期，第 22 頁。

〔註 111〕「廣東省政府工作報告」，中國第二歷史檔案館館藏振濟委員會檔案，全宗號一一六，案卷號 229。

〔註 112〕唐淩：《抗戰時期廣西的救僑工作》，《八桂僑史》1999 年第 4 期，第 24 頁。

〔註 113〕福建省檔案館編：《福建華僑檔案史料》（下），第 1722～1723 頁。

照前項規定發給由汀至原籍縣份給養費，由上杭轉永安者，則由上杭縣政府發給至原籍地救濟費」。〔註114〕

同時「有天寒衣單者，發給棉衣，有飾物變賣者，代辦寄售。」〔註115〕

至於接待及提供住宿方面，一般在沿途方面，設立招待所、收容所等給予歸僑、難僑提供住宿。「僑委會駐滇專員張客公按每月拔發救濟金國幣三百元，事緣昆明招待華僑自五六個月來對於華僑到滇後之住宿一向多由□代爲擔負，租定房屋給予住宿對於貧苦僑胞則一律免費住宿，但對於有資產僑胞則計每房金之多寡照收。」〔註116〕「查收容所當爲收容淪陷區逃難同胞而設」。〔註117〕而在重慶也設有招待所招待，只是可惜「僑民攜帶妻子同來，而招待所未設女宿，初至時，不得不投宿旅舍」而已。〔註118〕

提供醫療方面，「近日氣候漸熱，歸僑健康，亟需注意，本省緊急救僑委員會特商得新運第一醫療隊，負責第一、第二、第三各招待所工作，調中華救護隊開駐高要工作，調中國紅十字會第二醫防大隊第二十二隊開駐三水、清遠兩地工作。此外，並派該會委員黃玉明率領視察丁傑萃，衛生處技正楊松簇攜備醫療器物前赴湘桂兩省，照料緬甸歸僑及辦理防疫事宜。」〔註119〕

沿途護送方面，如廣東省政府就設有東江、南路護僑事務所，專門保護僑旅。其後東江護僑事務所由「省緊急救僑委員會所承接辦理。」〔註120〕而在 1942 年 5 月 6 日廣東僑務處處長周雍能致僑委會函中也談到：「職於本年二月九日離澳二十七日到韶，即參加廣東緊急救僑會工作，力主沿途護僑重於款僑。而搶救港澳青年尤重於護僑救僑，頗蒙粵當局之采擇。」〔註121〕在

---

〔註114〕福建省檔案館編：《福建華僑檔案史料》（下），第 1739 頁。

〔註115〕許世英：《一年來之救僑工作》，《華僑先鋒》第 5 卷第 3 期，第 2 頁。

〔註116〕「總務」，中國第二歷史檔案館館藏僑務委員會檔案，全宗號二二，案卷號 8。

〔註117〕「僑委會準振濟委員會函爲僑民許連捷報告梧州冰泉鎮難民收容所收容非法情形」，中國第二歷史檔案館館藏僑務委員會檔案，全宗號二二，案卷號 277。

〔註118〕「關於歸僑一般救濟問題」，中國第二歷史檔案館館藏僑務委員會檔案，全宗號二二，案卷號 295。

〔註119〕「廣東省政府工作報告」，中國第二歷史檔案館館藏振濟委員會檔案，全宗號一一六，案卷號 229。

〔註120〕「廣東省政府工作報告」，中國第二歷史檔案館館藏振濟委員會檔案，全宗號一一六，案卷號 229。

〔註121〕「廣東及汕頭僑務局處工作報告」，中國第二歷史檔案館館藏僑務委員會檔案，全宗號二二，案卷號 501。

1942 年 6 月，廣東「省緊急救僑委員會以緬甸歸僑日眾，亟應設法輸送回籍，經於本月派員前往第七戰區司令長官部汽車調派所妥商辦理輸送緬僑回籍事宜，擬定各車附搭歸僑辦法，及規定歸僑中如係閩籍者，則取道耒陽轉程江西入閩；如係粵籍者先到樂昌縣政府登記入招待所，再送回籍。」〔註 122〕

正是由於國民政府的重視，這個階段的救僑工作取得一定程度的成績。據統計至救濟人數曾得到報告者，在 1942 年 9 月廣東救僑會是 994894 人；廣西救僑會至 1942 年 8 月止爲 106308 人；貴州救僑會在 2 月至 4 月期間是 483 人又協助 500 人；福建救僑會 314 人；雲南救僑會在 5 月至 8 月 22185 人。〔註 123〕

1942 年緊急救僑大行動後，但救僑政策、救僑工作並沒有停止，仍然在繼續。「三十一年（1942 年）之緊急救僑之事，雖告一段落。然餘波未靜，國內外之顛沛僑民值此勝利接近、復員將屆之時，更應分別急救。茲舉僑務委員會所辦之比較重要者，如湘桂戰事蔓延，築獨一帶，避難僑民已派員赴築會同有關機關辦理救濟。由湘桂築避昆之閩粵難僑四百餘人已撥款五十萬元，令雲南僑務處分別救濟資遣。由歐到土經印至昆僑民楊俊圃等二十人已撥款五萬元從事接待。緬北克復，難僑數千經呈院核撥盧比三百萬盾，由僑委會派定特派員會同外交部派員赴緬辦理救濟滯集臘街歸僑。經商准振濟委員會撥款五十萬元急於施放，並商准交通部飭滇緬路局，協助撥運，至於流落東興僑胞、閩粵內遷僑胞、西南戰事內移僑胞、越南因戰事被迫歸僑皆商洽振濟委員會飭所屬振濟會救濟區辦理。若福建僑眷貸款不敷分配，由振委、僑委兩會商呈院續撥乙千萬元亦屬於救濟之一種。」〔註 124〕僑委會汕頭局有關工作報告也能顯示緊急救僑大行動後的救濟情況：「自粵省緊急救僑委員會將各站所結束以後所有歸僑經過均由本局負責接救招待。計本月招待住宿人數共六百三十四人，均經本局登記並指導回籍。查歸僑中屬於貧苦者頗不少數，而救僑會又已停止救濟，是以此等難僑啼饑唃寒，嗷嗷待救，更有等患病呻吟無力醫治，束手待斃，厥狀甚慘。本局爲盡力救助起見乃代向縣振會領發白米並代爲煮粥賑饑，一面徵僱船隻遣送回

〔註 122〕「廣東省政府工作報告」，中國第二歷史檔案館館藏振濟委員會檔案，全宗號一一六，案卷號 229。

〔註 123〕「僑委會工作成績考查表」，中國第二歷史檔案館館藏僑務委員會檔案，全宗號二二，案卷號 87。

〔註 124〕「僑務委員會向國民參政會四居一次大會提出工作報告」，中國第二歷史檔案館館藏行政院檔案，全宗號二，案卷號 6667，微縮號 16J-1331。

籍，患病者則暫為安置醫治。又策動當地殷商捐助藥費贈醫施藥，計本月共發給贈醫歸僑證，有劉自強等四十一人，施醫四十一劑，病重送入衛生院留醫者有杜張氏羅眼等六人，因病重身故者有女歸僑杜張氏一口，身後蕭條，遺孤泣告無以為殮，慘狀堪憫。本局代為發動簽助，共得五十五元購棺殮葬。」〔註 125〕

### （三）僑生救助

在抗戰爆發不久，國民政府就意識到海外僑生的重要，以下這段話也許頗能說明僑務官員對華僑青年的看法：「查此次回國之華僑機工多屬青年，火車啓行時，各團員均奏口琴高唱義勇軍進行曲，體格健全，精神興奮，若如加以訓練，洵屬不可多得之人材。政府對於此等回國服務華僑自當特加注意也。」〔註 126〕正是基於此認識，國民政府在對待僑生問題上就給予特殊的注意。1939 年 8 月，僑委會在重慶設立了回國僑生升學接待指導所，具體負責對僑生的接待與指導升學工作。回國僑生升學接待指導所設在重慶林森路鳌金局巷內第三號。它除了向僑生提供免費住宿之外，更重要的是還給予他們升學與投考高等學校方面的指導。1942 年初，國民政府教育部頒佈了《救濟海外僑教員生及在國內就學僑生辦法大綱》，《大綱》規定，中央政府除了對因戰事影響而停開之僑民學校的失業教職員、失學學生以及在國內就學斷絕接濟的僑生予以救濟與對願意回國的海外僑校教員由各使領館分別予以資助遣送回國外，對國內僑生的救濟更是發放膳食貸金與特種救濟金以維持其學業。〔註 127〕政府同時先後在雲南、重慶與廣東設立了三所專為招收僑生的國立華僑中學，開創了國內由中央政府創辦華僑中等教育的先河。

首先在學業方面。為了救濟與安置歸國僑生，僑委會與教育部不僅增設華僑中學、在原有僑中的基礎上增加班級，而且還撥專款在國內部分高校設立僑生先修班，直接收容歸國僑生。這些措施很好地解決大量僑生因太平洋戰爭而失學的問題。陳立夫在《一年來僑生之救濟》一文中總大概總結了 1942 年僑生救濟的情況：1942 年 4 月在廣東樂昌成立的國立第三華僑中學，

〔註 125〕「廣東及汕頭僑務局處工作報告」，中國第二歷史檔案館館藏僑務委員會檔案，全宗號二二，案卷號 501。

〔註 126〕「河口海口江門僑務局工作報告」，中國第二歷史檔案館館藏僑務委員會檔案，全宗號二二，案卷號 504。

〔註 127〕賀金林：《民國時期的國立華僑中學》，《八桂僑刊》，2006 年第 3 期，第 71 頁。

收容僑生數目為 800 人；雲南呈貢私立育僑中學被改設為國立第一僑中呈貢分校，收容僑生 240 餘人；設立於四川綦江之國立第二僑中不僅增設班級，而且還派出人員赴廣西接收僑生；1941 年設立於福建長汀的國立第一僑民師範學校也擴充班級與經費，增收僑生；1942 年設立於廣東坪石的國立第二僑民師範學校則安置 280 人。「國立復旦大學，中山大學均設僑生先修班，收容高中畢業之僑生投考專科以上學校未經錄取或逾期不及投考者。原設在南岸（按即重慶南岸）之回國升學華僑學生接待所，亦大事擴充，凡來渝尚未入學之僑生，皆可臨時收容，並於署期中設班予以補習，並指導其升學。此為中央直接收容僑生工作之概要。」〔註 128〕對於各高校增設僑生班次的經費往往是由國家財政支付。1942 年僑委會僑民教育處就「核發東方語文學校收容僑生補助金捌萬元。」〔註 129〕而在廣東，1942 年 1 月至 6 月，省緊急救僑委員會也委託省教育廳辦理救濟僑生，為此撥支救濟金 574200 元；同時緊急救僑會「彙交各登記站及各縣貯放暨預算墊借各校增設班級費數十萬元」，及發給救濟費 284600 元。「墊借國民、廣州、嶺南三大學內遷費各一萬元」。〔註 130〕

除了學業上政府給予僑生的照顧外，在生活上也給予他們一定程度的照顧。「本會（指僑委會）對於回國僑生之救濟，約分為學業救濟，職業救濟，與生活救濟三項，此項業務在戰時列為本會中心工作之一」。〔註 131〕政府給予僑生直接的生活救濟包括：特種救濟金、臨時救濟費、寒衣補助費、醫藥補助費及旅費五項。據僑委會的報告，自 1943 年 8 月至 1945 年 5 月，僑委會向僑生共發放特種救濟金 763400 元、醫藥費 58000 元、旅費 601100 元、臨時救濟費 104000 元、棉衣 118 件了，「受惠學生達一千餘人」。〔註 132〕除上述五項之外，僑委會還爭取到給予僑生優惠乘坐舟車的待遇。「粵桂閩滇等省來渝升學之僑生……經行鐵路……准予持憑證明書者照各地失學失業青年內移乘車辦法核收半價現款。至經行公路，以公路票價尚不敷成本，僅能予以持憑

〔註 128〕陳立夫：《一年來僑生之救濟》，《華僑先鋒》第 5 卷第 3 期，第 6 頁。

〔註 129〕「僑委會工作成績考查表」，中國第二歷史檔案館館藏僑務委員會檔案，全宗號二二，案卷號 87。

〔註 130〕「廣東省政府工作報告」，中國第二歷史檔案館館藏振濟委員會檔案，全宗號一一六，案卷號 229。

〔註 131〕僑務委員會編印：《僑務十五年》，第 19 頁。

〔註 132〕「僑務委員會向國民參政會四屆一次大會提出工作報告」，中國第二歷史檔案館館藏行政院檔案，全宗號二，案卷號 6667，微縮號 16J-1331。

證明書優先購票乘車之便利」。〔註 133〕

僑委會還與教育部商定，給予僑生內地生的待遇，可以享受獎學金。「規定專科以上學校每名八千元，中等學校每名五千元」。〔註 134〕而職業救濟方面大體是以從軍爲主：「介紹中央軍校第四分校第十四期畢業僑生李鈞世等四名於駐肇第三獨立團工作」〔註 135〕在 1943 年冬季，僅重慶地區的僑生經僑委會鼓勵參軍人數有 245 人，其中包括青年軍 157 人，遠征軍 22 人，海軍 40 人，空軍 17 人，隨軍譯員 9 人。僑委會給每名參軍僑生「發給獎助金壹千元，以示激勵。」〔註 136〕

在救濟僑生之餘，國民政府也對僑生提出一些要求：「歸國後第一要圖即爲滲入吾國一般學生之生活，而不可自成爲特殊之學生，蓋非如是，不足以熟諳吾國之風俗習慣以及吾國學校生活之特質。倘僑生在國內仍於吾國習俗格格不相入，而其起居飲食又復別於一般學校學生之生活，則與在國外何異，長此以往又何以陶冶成爲符合吾國典型之國民。故教育部之政策，實鼓勵僑生滲入一般之中等學校及專科以上學校。其所以設有國立華僑中學三校者，爲應一時之急需，此係戰時之措置，戰後自當予以調整。即使目前設有三僑中，教部亦盡力使之與一般中學相同。總之，關於學校生活方面僑生應有之認識，在於明瞭其本身之地位在入國境以後已失去其特殊性質、不應再形成特殊團體」。〔註 137〕同時國民黨也力求從各方面對僑生進行控制。如在 1941 年中央海外部工作報告裏就提到：「國內各大中學頗多僑生，平日彼此殊少聯絡，而與本部更無密切聯繫，各生在校之情況如何？思想如何？亦無人予以調查及統計，奸黨利用僑生渾厚誠樸，常欲從中引誘，本部有鑒及此，爰制訂回國僑生調查表，頒發國內僑生寄讀之各大中學，請於短期內查明塡報，現已有數校塡報到部。」〔註 138〕

---

〔註 133〕「關於僑生請求優待乘車問題與交通部等機關之來往文書」，中國第二歷史檔案館館藏僑務委員會檔案，全宗號二二，案卷號 410。

〔註 134〕僑務委員會編印：《僑務十五年》，第 20 頁。

〔註 135〕中國第二歷史檔案館館藏僑務委員會檔案，全宗號二二，案卷號 501。

〔註 136〕「僑務委員會向國民參政會四屆一次大會提出工作報告」，中國第二歷史檔案館館藏行政院檔案，全宗號二，案卷號 6667，微縮號 16J-1331。

〔註 137〕陳立夫：《返國僑生應有之認識》，《現代華僑》第 3 卷第 10 期，第 2～3 頁。

〔註 138〕陳鵬仁主編，劉維開編輯：《中國國民黨黨務發展史料：海外黨務工作》，第 261 頁。

### （四）僑眷救濟

僑眷一般指華僑的眷屬，包括其妻子、父母、子女等。廣東福建兩省是擁有最大華僑人數的兩大省，故這兩個省的僑眷問題也是代表中國僑眷問題。「閩粵一般僑眷，多係老弱婦孺，平時不農不工不商，專恃海外匯款以維生活」。〔註 139〕「半百家人，平時又仰給海外批（信）銀，今若此（指太平洋戰事發生，海外匯款路徑隔斷。）前途殊堪憂慮。」「太平洋戰事出後，我也爲家人的安全與吃飯問題，心裏焦急得要命。」「我輩倘不盡力接濟，行一家人飢餓以死。」〔註 140〕「據廈門一位外國領事的估計，廈門的鄰近有 80%的家庭，賴華僑匯款維持生活的一部。」而據 1940 年福建省調查統計，「南安等十三縣登記的結果，登記僑民家庭 37744 戶之中，全家出國者僅 1288 戶，占 29%有奇，留有眷屬在國內的僑民家庭計 36456 戶，占 71%。留在國內的眷屬男女合計 151583 人，女的佔了一大部分計 84147 人。再就年齡看，留國僑眷男女合計壯年人不多。據上述登記，20～44 歲組的人數計 51158 人，占留國人數不及三分之一。換言之，留在國內多爲婦孺老弱之輩，他們鮮參加生產，賴海外供給了。華僑家庭雖然有較優的經濟地位，但自給程度遠不如非華僑家庭。」〔註 141〕因而一旦沒有僑匯，僑眷往往會陷入生活困境之中。「沒有這筆收入的妻子們就得自己想辦法養家糊口。如施麗莎在《金山謠》中所述，她的曾祖母馮淑英有十多年沒有得到在美國闖蕩的丈夫的音信，更不用說匯款了。迫於無奈，她就在村和村之間的小路靠幫別人背小孩和體弱者掙一點點錢，維持她和小兒子的生計。」「易秋娣在 15 歲時和一個『金山客』結婚。1937 年日本鬼子進村後，她被迫和她的兒子、公婆開始外出逃難。日本的入侵切斷了秋娣和當時在加利福尼亞聖塔芭芭拉做廚師的丈夫之間的聯繫，也切斷了她的經濟來源。爲了養家糊口，秋娣在香港和在日本控制下的臺山之間走私小商品貨物。這種營生對一個年輕女人來說非常危險，但是這些經歷把一個曾經生活無憂的家庭主婦變成了一個獨立的小業主，爲她後來在美國開業打下了基礎。」〔註 142〕正所謂是「南洋批銀，已全隔絕，家中婦孺，嗷嗷待哺，情實可憐。」〔註 143〕

---

〔註 139〕王闢塵：《當前僑務的幾個重要問題》，《現代華僑》第 3 卷第 8 期，第 7 頁。
〔註 140〕李屏周輯：《僑眷家書一束》，《現代華僑》第 3 卷第 7 期，第 30、31 頁。
〔註 141〕鄭林寬：《福建華僑匯款》，福建省政府秘書處統計室，1940 年，第 45 頁。
〔註 142〕趙小建著：《重建家園：動蕩中的美國華人社會：1940～1965》，第 45 頁。
〔註 143〕李屏周輯：《僑眷家書一束》，《現代華僑》第 3 卷第 7 期，第 30～31 頁。

正是考慮這些情況，僑委會在戰時救濟方面給予僑眷一定程度的關注，形成抗戰時期僑務工作的重要內容。1941 年 5 月 26 日江門僑務局局長趙煒庭在給僑委會的函件裏談到：在 1941 年 3 月上旬，臺山、開平、新會和赤溪等縣由於遭受日軍的「竄擾蹂躪後災情頗爲慘重。」江門局一方面致電「鈞會派員賑慰」，一方面在敵人被擊退後，「已率領員分途出發」撫慰被災歸僑及僑民家屬。在獲悉中央已撥救濟費百萬元後，於 5 月 2 日協同監放賑款專員馬超俊「振慰被災僑屬等事。惟以當時臺山開平新會鶴山赤溪等縣均在被敵騷擾之列，但與臺山較別縣受災爲重，經將賑款分別分配協同各當地縣政府及有關係各機關先後散賑。職以上列各縣被災區域均有僑民家屬居處，業經隨同前往，謹代鈞會懇切撫慰」，在 5 月 2 日至 21 日的 20 餘天裏，「所經撫慰之鄉村僑眷或歸僑之被災者多少不等。」〔註 144〕同時肩負僑務政策執行工作的地方僑務處局也將指導僑眷進行相關生產以求自救。如江門僑務局，「指導歸僑督促僑眷推廣冬耕，增進糧食之進行情形：查臺開兩縣，爲糧食缺乏縣份，但以今年因『三三』與『九・二十』兩役，連續兩度被敵進擾，劫奪稻穀，爲數甚鉅。遭此意外損失，缺乏當必加甚，爲補救目前需要起見，當以推廣冬耕，增植雜糧。爲彌補缺乏必要辦法，雖經當地縣府分逼督促。惟查兩縣禾田屬於華僑產業者，幾占十之七八，從事田工者，亦多爲華僑眷屬，故所有禾田，均爲自置自耕之民田，故督促方法，以能促其田業所有人加以勸諭，較爲收效。職局有見及此，因懇切指導邑屬各地忠實歸僑，使就各鄉各村、沿門逐戶督促從事田工之僑民眷屬，乘時加緊冬耕，廣植旱麥、薯荳等雜糧，期於糧食缺乏中，稍獲彌補。」〔註 145〕

1941 年底，僑委會擬具「戰時僑民家屬贍養貸款辦法草案」呈請行政院核辦，以之作爲救濟僑眷的一種方法。隨後僑委會聯同振委會、閩粵兩省等一齊努力，終爭得撥給閩粵兩省各 3000 萬元的僑眷貸款，專門辦理僑眷生活與生產方面的貸款。閩粵兩省也具各自的情況制訂有關僑眷貸款草案，辦理僑眷貸款。

以下爲一份 1942 年 12 月 24 日公佈的有關福建省辦理僑眷貸款的指導條文：

〔註 144〕中國第二歷史檔案館館藏僑務委員會檔案，全宗號二二，案卷號 504。

〔註 145〕「河口海口江門僑務局工作報告」，中國第二歷史檔案館館藏僑務委員會檔案，全宗號二二，案卷號 504。

「福建省僑貸辦法綱要」（經福建省僑貸指導委員會第一次會議通過）〔註 146〕

第一條　福建省緊急救僑委員會（以下簡稱本會）爲輔導僑民從事生產事業，安定其生計，藉達根本救濟目的起見，特訂定本綱要。

第二條　救濟僑民實施特種貸款，由中央指定三千萬元貸與福建省銀行（以下簡稱省銀行）爲貸放資金，其貸款種類如左：甲、農業貸款：凡三戶以上之僑民得依法組織農場、林場、漁場、畜牧場或合作社申請貸款，每戶貸款最高額爲二千元，所需場地由福建省政府指定有關機關統籌分配之。乙、工商貸款：凡具有工商技術之僑戶得依法組織合作社申請貸款，貸款額視事業大小爲標準，但工業貸款每戶最高額不得超過二千元，商業貸款每戶最高額不得超過一千元。前項貸款如係大規模農工生產事業，或其他企業專爲救濟僑民或其眷屬而設，及有裨國計民生者，其貸款額度得特予放寬，但須由福建省僑貸指導委員會審查核定後會商省銀行貸放之。前項貸款分配按各縣僑民人數及僑匯數目爲標準，每期分配各縣之貸款應於二個月內放竣，但有特殊情形得視實際需要酌予延長或縮短之。

第三條　僑辦生產事業如因接濟中斷無法維持者，得以財產（包括動產、不動產、記名股票或存單）爲抵押申請貸款，貸款額視事業大小爲標準，但最多不得超過三萬元。前項貸款不得超過貸款總額百分之五。

第四條　僑民依本綱要申請貸款只以一種爲限，其審查與核准由各縣省銀行分支行處及縣僑貸指導委員會分會就地決定先放後報，至僑辦生產事業申請貸款，由省銀行與省僑貸指導委員會會同審核決定之。

第五條　各種貸款利率，均以照中央原定月息八釐計算，應需費用由省銀行負擔。

第六條　凡受貸款之僑辦事業須接受省政府指定機關及本會之監督指導，如經認爲有改善之必要時，得擬具方案派員協助，該貸款人應盡量接受。

---

〔註 146〕福建省檔案館編：《福建華僑檔案史料》（下），第 1760～1761 頁。

第七條　本綱要施行細則另定之。

第八條　本綱要自呈奉核准後施行。

根據這份綱要，福建省的三千萬僑貨發放情況如下：「本省僑貸三千萬元，第一期貸一千萬元，已由省銀行開始貸放，內定農工商貸款五百萬元，僑眷生活貸款五十萬元，各縣公典局資金一百五十萬元，歸僑產銷合作社一百五十萬元，其他一百五十萬元。俟第一期僑貸放完時，第二期即繼續發放。」而救濟方面應是取得了一定的成績：「本省僑眷人數達到一百餘萬人，因太平洋戰事發生後，僑匯斷絕，生活困難已達極點，按照各市縣區僑眷戶數人數分配發給賑款，截至結束止，計有晉江、南安、福州市、龍溪、安溪、惠安、福清、德化、詔安、雲霄、東山、漳浦、永安、仙遊、閩清、金門、莆田、連江、永泰、連城、龍岩、同安、海澄、長泰、大田、屏南、華安、霞浦、閩侯、沙縣、建甌、漳平、福鼎、泰寧、古田、長樂、南靖、平和、上杭、永泰等四十縣份，共發救濟費一百一十六萬六千六百一十元。」〔註 147〕

鑒於廣東僑眷的實際情況，承辦僑貸任務的廣東省救僑會在會商有關機關後，決定移撥僑眷貸款購運糧食，以實物形式貸放，以之解決僑眷生存問題。〔註 148〕但救助廣東僑眷的實物貸似乎效果並不好。在僑委會委員長陳樹人致廣東僑務處張天爵的信件中談到：「天爵處長吾兄賜鑒，久未奉教，至以爲念。開平此次舉辦僑貸，多係由各鄉長冒領中飽，有侵吞至二三十□者。眞正僑眷，未蒙實惠，有負政府之德意，以致怨聲載道，輿論譁然，影響僑民信仰，莫此爲甚！至用痛心，我兄維護僑胞利益，尚望注意及之。我去歲由桂返鄉……現與江門僑務局取得緊密連絡，凡與僑胞利益有關者，無不悉力以赴，以期不負吾兄之期望也。」〔註 149〕後來廣東省政府命令廣東省銀行在辦理第三期僑貸時，要直接以現金分戶貸給僑眷，而不再以糧食來貸放。〔註 150〕

〔註 147〕福建省檔案館編：《福建華僑檔案史料》（下），第 1744、1741 頁。

〔註 148〕廣東省檔案館藏廣東省銀行檔案，宗 41-3-2199，轉袁丁、李亞麗：《太平洋戰爭時期國民政府的僑眷——以廣東省爲中心》，《八桂僑刊》2007 年第 2 期，第 16 頁。

〔註 149〕「廣東及汕頭僑務局處工作報告」，中國第二歷史檔案館館藏僑務委員會檔案，全宗號二二，案卷號 501。

〔註 150〕廣東省檔案館藏廣東省銀行檔案，宗 41-3-2199，轉袁丁、李亞麗：《太平洋戰爭時期國民政府的僑眷——以廣東省爲中心》，《八桂僑刊》2007 年第 2 期，第 17 頁。

部分有關廣東救濟僑眷貸款辦法及部分僑眷救濟研究成果可參閱袁丁、李亞麗《太平洋戰爭時期國民政府的僑眷——以廣東省為中心》一文〔註 151〕。

## 四、經濟政策

抗戰時期，國民政府在處理華僑經濟政策方面主要表現在三個方面：溝通僑匯、吸引僑資及海外抵制敵貨。

### （一）溝通僑匯

「查華僑匯款，向為我國國際收入之大宗」認為吸收僑匯仍為政府一大國策。〔註 152〕「此項匯款數目龐大，實為彌補我國對外貿易入超及調劑金融之一大泉源。」〔註 153〕如下是抗戰前後華僑匯回祖國的僑匯與同時期貿易入超的情況比較：

（單位國幣百萬元）

| 年　度 | 華僑匯款數額 | 貿易入超數額 | 僑匯占入超的百分比 |
|---|---|---|---|
| 1932 年 | 323 | 867 | 37.25 |
| 1933 年 | 305 | 733 | 41.61 |
| 1934 年 | 232 | 494 | 46.56 |
| 1935 年 | 316 | 343 | 92.13 |
| 1936 年 | 320 | 235 | 136.17 |
| 1937 年 | 450 | 115 | 391.30 |
| 1938 年 | 600 | 123 | 487.80 |
| 1939 年 | 1200 | 306 | 392.08 |
| 1940 年 | 1800 | 57 | 3157.89 |

資料來源：劉佐人：《當前僑匯問題》，廣東省銀行經濟叢書，1946 年，第 2 頁。

由此可見僑匯實際上起到了平衡外貿，穩定金融，支持國家財政的巨大作用。更何況僑匯在贍養僑眷方面的重大作用呢。「僑民匯款回國，關係甚大，在個人方面，則可贍養家屬，在國家方面，則可俾益外匯，在非常時，

〔註 151〕刊於《八桂僑刊》2007 年第 2 期。

〔註 152〕中國第二歷史檔案館編：《中華民國史檔案資料彙編》第五輯第二編財政經濟（四），第 95 頁。

〔註 153〕中國第二歷史檔案館編：《中華民國史檔案資料彙編》第五輯第二編財政經濟（四），第 386 頁。

尤須設法溝通，不使發生障礙」。〔註154〕設法溝通僑匯，吸收僑匯自然是身處外匯儲備困境的國民政府要考慮的問題。尤其是太平洋戰爭爆發後，「因香港向爲僑民匯款接濟家屬之樞紐陷敵以後，僑匯斷絕聯絡，美洲雖有中國銀行設立，專辦匯兌，但不能迅爲設法疏通，自三十一年五月至同年十月底止，在中國銀行窒塞之僑匯計達六千萬元，電匯延滯六個月爲常，不少有延滯至二十個月始交款者，（據中國國民黨駐美國總支部報告）同時四邑米價逐步高漲，僑屬因收不到僑匯，而家散人亡者甚多，三十二年臺山一縣，因米貴餓病死者，占全縣人數百分之四十，約三十餘萬人，（據加拿大教士 Mill 氏來渝談話），其中係僑民眷屬者不少，美洲僑民因此迭電中央，迅速疏通僑匯」。〔註155〕盡力設法溝通僑匯，無疑是國民政府僑務工作的重要內容之一。

由於戰前僑匯匯路通暢，國民政府在僑匯政策方面只是單純號召僑胞積極投資以及積極捐輸，而對於如何更好管理、處理僑匯問題並沒有很大的關注。但隨著 1939 年歐戰的爆發，外國政府相繼對外匯進行管制，海外僑胞向祖國匯寄錢也無疑受到極大的限制。如何解決這方面的問題，自然而然地列入國民政府的工作議程。隨即僑委會經與相關部門會商，提出部分有效應付辦法：「（一）推設國外銀行，吸收華僑匯款；（二）國內外銀行或民信局及國內郵匯局密切聯絡，溝通彙路；（三）郵匯局在海外各地多設代理處，予海外民信局以優厚利益，吸收僑匯；（四）設法使淪陷區僑民家屬接受僑匯等等。」〔註156〕除了在外交方面積極交涉外，在機構方面，國民政府吸納僑委會等機構的意見，積極調整海外辦理僑匯的金融機構、以應時變。中國銀行「在海外所設分支行處經辦僑匯者，計有倫敦經理處、紐約經理處、大阪分行、新嘉坡分行暨所屬大坡辦事處，巴達維亞經理處暨所屬棉蘭、泗水兩分經理處、檳榔嶼經理處、吉隆坡經理處暨所屬怡保、芙蓉埠兩分經理處，仰光經理處暨所屬仰光百尺路、臘戍、八莫三分經理處。自英美封存資金後，關於華僑匯款，業由財部令飭中央銀行集中辦理，該行海外各分行處，被委託爲收集僑匯代理行者計有：第一區　馬來西亞新加坡中國行；第二區　緬甸仰光中國

〔註154〕陳樹人：《抗戰時期的僑務》，《現代華僑》第2卷第5期，第5頁。

〔註155〕李樸生：《太平洋戰爭爆發後僑民之痛苦》，李樸生：《華僑問題導論》，第42～43頁。

〔註156〕陳樹人：《抗戰時期的僑務》，《現代華僑》第2卷第5期，第5～6頁。

行；第三區 荷屬東印度巴達維亞中國行；第四區 歐洲倫敦中國行；第五區 美洲紐約中國行；第六區 印度加爾各答中國行；第七區 華南香港中國行。」交通銀行「在海外所設分支行處，原有菲列濱、仰光、西貢、及印度加爾各答四個支行」，但由於在 1941 年辦理吸收僑匯，仍以菲律賓方面爲主。而西貢、仰光方面，由於當地政府實行外匯統制政策「辦理僑匯，極感困難」，印度加爾各答支行則是在 1941 年 12 月 15 日才開始。根據財政部規定集中中央銀行辦理僑匯原則四項，交通銀行的海外支行被委託爲「第八區菲列濱小呂宋，及第九區越南西貢方面之代理行」。而郵政儲金匯業局海外吸收僑匯的機構，「計有新加坡華僑銀行、西貢東方匯理銀行、東亞銀行、馬尼拉中菲匯兌公司、香港信行金銀公司、紐約中國銀行、曼谷馬麗豐金行、光亞公司及東方匯理銀行等十一家。」〔註 157〕除了機構方面進行調整外，在處理僑匯業務方式、手續等方面，國民政府也進行一番改進。如廣東僑務處就在 1942 年工作報告中相繼彙報到〔註 158〕：1、經該處與中國銀行洽辦後，僑眷所持香港付款匯票即可以在內地解款。2、經「與各銀行商洽香港歸僑兌換港幣」洽商後，在 8 月份共發出證明書 48 份，涉及金額爲港幣 1078300 元。3、僑民由美匯返香港中國銀行匯票，可以由廣東僑務處開發證明「覓保向中國銀行領兌，惟該行所定擔保過苛，僑民無法辦到，迭經交涉無效，迫得擬改善辦法三項呈會核辦」。4、「僑民由美匯返香港外國銀行匯票，奉令由中央銀行代收轉，寄美國收還美金，再行付款，不能適應僑眷需求特擬具先由中行墊款半數辦法呈會核轉財部，飭中行辦理並一面函請韶關中央銀行徵求同意，轉請總行核示以期迅速解決。」5、「由美匯返香港我國銀行付款匯票改由內地領兌案經函准中國銀行函覆遵照行政院修正辦法第一項辦理。」但同時又規定如果是在美國的外國銀行「匯返香港中國銀行」的匯票，則仍須轉寄重慶核對印鑒再行發款。針對這種不便方法，廣東僑務處派出人員與中國銀行商議，後來決定，類似匯票，一律由廣東僑務處「發出公函證明其身份及所有權即予分別付款，或轉寄重慶驗票發款。」6、「美國外國銀行匯返香港外國銀行付款匯票由中央銀行代收盡先墊付半數案，經與韶關中行商定辦理細

〔註 157〕中國第二歷史檔案館編：《中華民國史檔案資料彙編》第五輯第二編財政經濟（四），第 95～97 頁。

〔註 158〕「廣東及汕頭僑務局處工作報告」，中國第二歷史檔案館館藏僑務委員會檔案，全宗號二二，案卷號 501。

則，由該行電重慶總行請示（1）可否一律免收手續費及郵費（2）代收之匯票由韶寄渝或由渝寄美途中若有遺失如何辦理。」1945 年僑委會向國民參政會四屆一次大會提出的工作報告，也可以說明一些情況：「因太平洋戰事所釀致之僑匯困難問題，經僑委會設法洽商改善後，原已獲得完滿解決。詎意三十三年（1944 年）秋間，粵省西江一帶，局勢緊張，中國銀行肇慶支行及各辦事處先後內撤，繼而湘桂戰事轉急，渝粵交通中斷，韶州支行又遷移安全地帶，致積存僑匯無法解付。當此物價高漲，僑眷頓失接濟，窘迫殊甚。該會根據廣東僑務處呈擬改善辦法，即函財政部採擇辦理。再由中國銀行韶關支行與廣東省銀行洽妥收集粵省西江南路節餘頭寸，先行設法代解四邑僑匯三千萬元；一面由韶支行與當地行莊洽商代解，並轉飭金崗辦事分處迅行復業，調查運鈔路線，俾頭寸得以源源接濟不虞匱乏。三十四年元月准中國銀行總管理處函擬空運辦法，請向航空委員會洽商頓位，以便搭航。則再由財政部飭處廣東省銀行電稱於三月二十日起爲中國銀行轉解本省四邑僑匯等由僑委會特電飭駐外各領館僑團轉告僑胞，以慰其渴望。」〔註 159〕這些工作多少證實了國民政府在處理緊急時期外匯工作的努力。這可能就是國民政府所言內外兼施的方式：「增加僑匯數額辦法，在外宜擴充海外僑胞集中地點之吸收網，在內應改進郵局之服務機構，內外兼施，同時並進，庶克收效。」〔註 160〕

1945 年僑委會的報告中還談到僑匯與匯率方面的情況：「又國家三十一年（1942 年）公佈之牌價爲每美金五元不過匯得國幣二百元，與黑市價格差額既鉅，僑胞雖罄每月收入匯款回國贍家，尚虞不足，因此再擬就疏解僑匯辦法及提高匯率成數，呈請轉洽辦理以接濟僑眷生活，平衡國際收支。」〔註 161〕而金融機構也承認匯率問題是影響吸收僑匯的主要問題：「至中國、交通兩行辦理僑匯困難之點，約有二端：一爲南洋各地實施外匯統制，愈趨嚴密，致無法吸收鉅款。二爲政府銀行所訂匯率，係根據上海行市爲計算標準，並經由各省地銀行公會釐訂辦法一律辦理，而其他商業銀行及僑批局，每多暗

〔註 159〕「僑務委員會向國民參政會四屆一次大會提出工作報告」，中國第二歷史檔案館館藏行政院檔案，全宗號二，案卷號 6667，微縮號 16J-1331。

〔註 160〕中國第二歷史檔案館編：《中華民國史檔案資料彙編》第五輯第二編財政經濟（四），第 402 頁。

〔註 161〕「僑務委員會向國民參政會四屆一次大會提出工作報告」，中國第二歷史檔案館館藏行政院檔案，全宗號二，案卷號 6667，微縮號 16J-1331。

中削減匯價，多方兜攬，致政府銀行無法與其競爭。」針對這兩種情況，金融部門的意見是：第一種情況可以「轉催外交部，由外交途徑，與南洋各地政府積極交涉放鬆限匯禁令，以利進行。」而對於官方匯價與黑市匯價相差太大的情況，雖然「爲進行之一窒礙一節」，但在「英美自封存我國資金，並積極協助我國管理外匯以後，港滬黑市匯價，相機取銷，關於僑匯事項，並經由財政部訂定辦理原則四項，規定所有海外各地華僑匯款，應由中央銀行集中辦理，中央銀行在海外各地，並可由國家銀行集中辦理，則上項第二點困難，似亦可不致發生也。」也就是國民政府希望借助英美的力量，以之作爲解決匯率與僑匯問題的一種辦法：「美政府並於十一月十二日發給我中央銀行第七十五號許可證，規定我國在美僑商得無限制匯款回國，但此項匯款，必須經由我國中央銀行委託代理之銀行辦理」。〔註 162〕但國民政府吸匯途徑產生的效果並不明顯，民間僑匯業務還是大有市場。

### （二）吸引僑資

吸引海外僑社資金、如何利用僑資是自清朝晚期始，其後各屆中央政府都比較重視利用僑資，視之爲重要的僑務政策。同時我國自晚清始，近代工業的發展主要集中於沿海沿江一帶，如上海、天津、青島、漢口等地區，尤其以上海爲工廠集聚區。抗戰爆發不久，上海、天津、武漢等工商業較集中的城市相繼淪於敵手，雖然之前國民黨當局爲堅持「長期抗戰」，充實後方生產，部動員沿海沿江一帶工廠內遷，但由於原料、設備、敵人封鎖等因素的影響，物質供應戰時需要有限。「抗戰以來，長江下游工廠內遷雖多，然終以自然環境之限制，生產能力究屬低微，後方礦產雖豐，然皆蘊藏未發，多數物資悉仰外來。自被敵封鎖以後，情形日趨嚴重。」〔註 163〕同時 1938 年 3 月 29 日至 4 月 1 日在武漢召開的國民黨臨時全國代表大會通過的《抗戰建國綱領》更是將「抗戰」與「建國」並舉，以之作爲抗戰時期主要國策和綱領。「抗戰的目的在抵抗日本帝國主義的侵略，以救國家民族於垂亡，同時也於抗戰之中，加緊建設，以完成建國的任務，我們不能僅希望於和平中謀建設，惟當使抗戰與建國同時並行。」〔註 164〕因而吸收僑資自然爲國民黨基本的僑

〔註 162〕中國第二歷史檔案館編：《中華民國史檔案資料彙編》第五輯第二編財政經濟（四），第 97、98 頁。

〔註 163〕中國第二歷史檔案館編：《中華民國史檔案資料彙編》第五輯第二編財政經濟（五），第 22～23 頁。

〔註 164〕中國國民黨中央執行委員會訓練委員會編印：《中國國民黨政綱政策》，1943

務經濟政策。

1937 年 6 月 23 日，國民黨權力核心的蔣介石向主持國民政府財政工作的孔祥熙發出密電，要求孔氏作出有系統、有計劃的方案，爭取吸收僑資投資國內。「紐約孔特使勳鑒：△。對於吸收華僑向國內投資之獎進，應速作有組織、有系統之計劃，積極進行，並注意宣傳。一面擴充信託局之機能，以調整華僑貨物之輸出與輸入。同時對於各國以貨易貨之組合，亦可利用貨物之銷運，而其清算手續，亦由信託局爲之經理。此事若成，必收大效。請兄在美與將來回國時道經南洋荷、美各屬，一面聯絡感情，一面從事組織與宣傳，最好在各處派妥員先往調查、宣傳、聯絡，待兄到時即可著手組織也。英國聯絡人員何時來華，望代催速來。兄何日可回英，盼覆。儀甥目痊否，現在何處。」〔註 165〕在一個國家的政策決策中，國家領導人的意見是重要的，它往往構成公共政策的主要來源，尤其是在一黨專政的國家。1938 年 3 月 30 日國民黨臨時代表大會通過的「非常時期經濟方案」隨即提出吸收僑資的方針、大綱：「其國外僑胞有能投資祖國者，尤應予以獎勵。至協助獎勵辦法，計有：（甲）保息及補助。（乙）押借資金，供給材料。（丙）加入官股。（丁）協助運輸。」〔註 166〕隨後經濟部依此會合有關部門制定了「非常時期華僑投資國內經濟事業獎助辦法」，作爲抗戰時期指導僑資投資國內經濟事業的條文。「十年前政府就有『華僑回國興辦實業獎勵法』的頒佈，規定華僑所舉辦之建築，交通，製造，農礦等事業，得享受當地官廳之特別保護，交通機關予以運輸上之便利。任務機關予以指導，其有辦理成績卓著的，政府還予以獎章或褒狀之特殊待遇。二十七年十一月經濟部復公佈『非常時期華僑投資國內經濟事業獎助辦法』，對於凡經指定之農礦工商及與國防有關之經濟事業，華僑資金占資本總額百（分）之六十以上者，予以下列之獎助：（1）經營及技術之指導與協助；（2）捐稅之減免；（3）運輸之便利及運費之減低；（4）公有土地之使用；（5）資本及債票之保息；（6）補助金之給予；（7）安全之保障；（8）榮譽紀念品之頒給。此外復規定國營事業，得由經濟部核准特許華僑投資或合辦，華僑投資之經濟事業，如遇特殊困難，也得呈請經濟

年，第 85 頁。

〔註 165〕中國第二歷史檔案館編：《中華民國史檔案資料彙編》第五輯第二編財政經濟（三），第 110～111 頁。

〔註 166〕中國第二歷史檔案館編：《中華民國史檔案資料彙編》第五輯第二編財政經濟（五），第 5 頁。

部救濟。」〔註 167〕

畢竟戰爭除了是武力競爭外，還是物力的競爭。「查現代國家欲求鞏固國防，捍禦侵淩，保障生存，其必備之條件：一曰人力之堅強；二曰物力之充實。」〔註 168〕也就是說在戰爭較量中，物質、經濟的力量都是不可忽視的，它往往是決定勝利的一個重要因素。國民政府對此是認識到的。因而對能增長其物質實力的舉措是鼓勵的。「查關於開發資源增加生產自爲目前要圖，主管機關當有詳細之規劃。現大會閉幕已久，各代表已先後離漢，所請組織考察團一節，擬毋庸議。如代表願意私人考察，中央自可予以便利。」〔註 169〕即使遷渝後，最高領導核心層也是給予僑資關注：「僑務委員會勳鑒頃奉委座丑號侍秘川代電開『查後方建設應以川康爲中心而西康之康定、西昌一帶資源豐富，地廣人稀，亟宜設法吸引中外人士之注意，以期共同研究促進投資開發之進行，可即集合中外人士組織康昌旅行團略仿京滇公路周覽團之例辦理之絺約同行政院有關機關會商於旬日內，擬定辦法呈核爲盼。』等因。除分電有關各機關外，特電請查照並定於二月廿五日（星期二）午後三時在本會會議所（林森路前行營舊址會商組織辦法，希派代表出席爲荷。」〔註 170〕歸國僑領的言論也證實這一點：「據談，中樞當局爲獎勵華僑回國投資，已令有關機關籌組華僑投資指導委員會，盼能早日成立，南洋僑胞投資祖國，今後當更好有充分保障。返泰以後，當宣達中央意旨，鼓勵僑胞踴躍投資。至所擬具之中華建國實業股份有限公司計劃，已得中樞同意，在最近期間，務使實現，南僑所應擔任之資金二十萬萬元，必可早日籌足匯回。」〔註 171〕

面對高層的意旨，僑務工作主管機關的僑委會自然把「勸導華僑攜回資金投資生產事業以促進國家建設」作爲其工作的主要任務之一。〔註 172〕隨

〔註 167〕鄭源深：《一年來之華僑投資開發祖國資源動態》，《現代華僑》第 2、3 期合刊，第 24 頁。

〔註 168〕中國第二歷史檔案館編：《中華民國史檔案資料彙編》第五輯第二編財政經濟（五），第 55 頁。

〔註 169〕中國第二歷史檔案館編：《中國國民黨中央執行委員會常務委員會會議錄》（二十二冊），第 409～410 頁。

〔註 170〕中國第二歷史檔案館館藏僑務委員會檔案，全宗號二二，案卷號 509。

〔註 171〕《中央日報》1940 年 11 月 8 日 2 版短訊「南僑張百基今離渝返泰」。

〔註 172〕「僑委會和社會團體 1944 年度中心工作要點」，中國第二歷史檔案館館藏僑務委員會檔案，全宗號二二，案卷號 114。

時指導、協助華僑投資事項。「至於抗戰後之僑務行政，除以鼓勵僑胞捐款購債爲主要工作外，其他可得而言者，亦有數端……勸導僑胞投資國內興辦實業……僑務委員會爲此特向離戰區較遠之省分，商擬獎勵並保障華僑投資興業辦法。現在湖南省政府已頒佈『招徠、華僑投資興辦實業辦法』，凡七條，茲摘錄其原文如下：一、咨請僑務委員會轉知各埠僑胞說明湖南歡迎華僑來湘投資意旨，並附送湖南物產一覽表。二、請僑務委員會轉知華僑組織考察團來湘實地考察，以便興辦樂於投資之事業。三、華僑興辦事業之地方政府絕對保障其安全。四、華僑因投資關係從事各種生產及市場調查，湘政府盡量予以協助保護。五、華僑投資各項事業其所購進之機料，除應完國稅外，分別減免一切地方捐稅，並予以運輸上之便利。六、華僑投資各項事業之生產品得減輕其地方捐稅。七、華僑來湘投資，凡工廠礦場均遵照中央法令辦理。」〔註 173〕同時「迭經令飭各僑務處及駐外各領館、僑團注意宣傳，指導並搜集各種實業資料，編輯實業介紹初編，以爲華僑回國投資之參考。」〔註 174〕如河口僑務局就「實行調查之礦產及墾殖情形，以資參考。如蒙自縣有金銅礦、箇舊縣有錫礦、建水縣有銅鐵礦、開遠縣有煤礦、文山縣有銀錫礦、馬關縣有硫磺礦、彌勒縣有煤礦、易門縣有銅礦、峨山縣有鐵礦、昆陽縣及宜良縣有煤礦，此乃滇越鐵路附近之礦產區域；又嵩明縣之鉛煤礦、馬龍縣之銅礦、平彝縣之硫磺礦、宣威縣之鐵及硫磺礦，此乃雲貴公路之附近礦產區域；又祿豐縣及牟定縣之鹽鐵礦，雙柏縣之鹽銀礦、祥雲縣及鳳儀縣之金礦、蒙代縣及雲縣之鐵礦、順寧縣之銅礦、鎮康縣之鉛銀礦、大理縣之石，此又在滇緬公路附近之礦產區域，其他如蒙自開遠箇舊河口及其他縣曠地極多，甚宜墾殖，森林亦廣，木材豐富，大可有爲。從前政府不圖開發，棄利於地，殊爲惋惜。現在各地華僑紛紛歸國，努力建設後方生產，對於各區域之礦產及墾殖情形，自應調查詳盡。」〔註 175〕這些調查資料對華僑投資國內應有一定的幫助。「僑務委員會實業介紹初編，一看起來使人想到馬哥勃羅的描寫我國滿地黃金，這確是實情……在獎勵華僑投資指定國內實業各計劃篇裏，內面的一切計劃情形，已寫得十分詳盡，將來攜帶此冊，告訴

〔註 173〕劉翼凌：《抗戰一年來之僑務》，《華僑動員》第 11 期，第 3 頁。

〔註 174〕中國第二歷史檔案館編：《中華民國史檔案資料彙編》第五輯第二編政治（四），第 729 頁。

〔註 175〕「河口海口江門僑務局工作報告」，中國第二歷史檔案館館藏僑務委員會檔案，全宗號二二，案卷號 504。

僑胞，並同時集股，那是毫無困難的。」〔註 176〕僑委會除了將收集來資料編輯成冊、讓僑胞索取外，還將部分資料刊登在相關的刊物中，供海外僑胞參考。如在《現代華僑》中就相繼刊登「成都市籌設自來水簡單說明」、「在西康及雲南原生林區籌設林才公司」、「種植金雞納計劃」、「種植椰子計劃」等等內容。此外也在刊物發表文章鼓吹投資祖國的好處。

### （三）海外抵制運動

長期以來，抵制敵貨運動一直是中華兒女反對外國對中國作出損害、不公平、侵略事件等的一種重要鬥爭手段，是中國人表達民族主義感情的一種形式。它具有自發性、和傳統性的特徵。1905 年排斥美貨運動、1908 年排日貨運動、1915 年抵制日貨運動、1919 年抵制日貨運動、1928 年抵制日貨運動等等都表示了中華兒女愛國感情。抗戰爆發後，海外華僑即在救亡團體的領導下，紛紛成立抵貨組織，訂立規約，拒絕同日本之間的經濟往來，在海外社會發起聲勢浩大的抵制運動、杯葛運動。而國民政府也順應這種要求，以及從中看到的經濟作用，不僅積極配合，而且還先後制訂相關政策法令，以之支持、控制海外的抵制運動。

早在「七七」抗戰正式爆發前，蔣介石就在一次講話中談到：「□外經濟的抵抗，也是很重要的一個抗日的方法，我們所有的官兵都□□□不買日本貨，不用日本東西，我們各位將領要負責使部隊來實行。如果□□□減少敵人的經濟力量，間接打擊他的軍事，也就是增加我們自己的經濟力量，增加我們抗日的實力。」〔註 177〕說明國民黨核心高層對打擊敵方經濟的重視。1937 年 8 月 20 日僑務委員會即在「告海外僑胞書」要求海外僑胞「在經濟方面，斷絕與敵人來往，不予敵人以物質之供應，停止其貨物之買賣，使削弱其海外市場之勢力，亦即所以予敵人以經濟上之打擊。」〔註 178〕祈求海外僑胞能通過以抵制日貨為中心來削減日本經濟勢力、摧毀敵人的戰爭能力。國民政府更是在 1938 年 10 月公佈《查禁敵貨條例》、《禁運資敵物品條例》等法規來指導民眾對日本進行經濟抵制活動。在 1941 年 9 月又將上述兩條例進行修正。早在 1938 年經濟部在制訂、公佈《查禁敵貨條例》後，即函請僑委

〔註 176〕曾生：《丘元榮先生訪問記》，《現代華僑》2 卷 4 期，第 27 頁。丘氏為荷印僑領。

〔註 177〕中國國民黨中央宣傳部編印：《總裁言論》第四冊，第 46 頁。

〔註 178〕「僑務委員會告海外僑胞書」，《中央日報》1937 年 8 月 20 日 4 版。

會查照，要求僑委會轉知海外華僑。不久，經濟部又飭引商標局查明業經註冊的日貨商標，編就《日商商標彙編》的詳冊，供僑胞辨別之用；其屬於遼、吉、黑、熱四省所出產而應行查禁者，亦由該部將物品名稱指定公佈海外僑胞。1939年3月2日，經濟部特將這些材料各20份檢查送僑委會，電請該會「分發海外僑商團會存備參考」，「曉諭當地僑商遵照」。〔註179〕1941年時任僑委會委員長的陳樹人在《抗戰時期的僑務》中也小結到：「指導僑民辨別我國出口貨物實行抵制仇貨：辨別我國出口貨物，僑委會經擬定辦法兩項，通令駐外各領館各中華商會參酌『查禁敵貨條例』次第妥辦，其後經濟部復輯成『日商標彙編』及規定『查禁東四省產品名稱表』，亦經僑委會分令海外各中華商會妥爲查禁，因此，旅外僑商，對於抵制仇貨，得有準繩。但其中亦有矯枉過正，濫行查禁，雖在各游擊戰區中，未經指定查禁之物品，而亦加以抵制者，則損失在我，而不在敵方，日前新加坡愛國團體所爲，即其一例，僑委會準經濟部電達後，經檢同游擊戰區物品表，令行海外各中華商會，予以勸勉，俾國貨與仇貨，分別清楚，而不至互相混淆。」〔註180〕而戰時指導僑務的另一中樞機構國民黨海外部也向華僑頻頻發出抵制日貨的指令與通告，以及通過國民黨員進行實地指導抵制日貨。據當時的日本人觀察，當戰禍蔓延至華中時，越南的抗日活動突趨旺盛，「以國民黨安南支部爲總本部，在國府派遣的指導員指揮下，進行了資金活動以及猛烈的抵制日貨。」「他們製作買賣日貨的華僑商人名冊，並據以威嚇鄉里的近親或做爲沒收財產的威協手段，另一方面派出監視員直接監視各商店的買賣。對土人則據說到處花錢大力進行惡宣傳。對買賣日貨的罰金和割耳朵等事件層出不窮，散發抗日傳單和抗日示威遊行也經常在各地出現，又對日本人投擲紙屑、吐口水等侮辱行爲亦復不少。」〔註181〕國民黨海外部由於特殊的地位及現實背景，在指導海外僑胞抵制日貨方面發揮更大的作用。「函令駐港澳支部星洲直屬支部派員與海員接洽開（關）於拒運敵貨應採一致行動　准中央社會部函准外交部函以我國海員受雇外商輪船，因組織散漫，罷工不運敵貨之行動，未能一致，如粵籍海員拒絕隨船赴日載貨或運貨赴日，公司方面仍可另招滬地或新加坡

〔註179〕中國第二歷史檔案館館藏檔案，全宗二二，卷237。轉陳傳仁：《海外華人的力量：移民的歷史和現狀》，世界知識出版社，2007年，第216頁。
〔註180〕陳樹人：《抗戰時期的僑務》，《現代華僑》第2卷第5期，第5頁。
〔註181〕楊建成主編：《南洋華僑抗日救國運動始末1937～1945》，第42頁。

海員代替，不惟罷工海員徒受損失，且與罷工目的相違，如非使滬港新三地海員採取一致行動，殊難收效，除令海員工會轉飭港滬兩地工人及海員團體一致行動外，應請轉飭港新黨部慎妥接洽等由；查對日運貨罷工，實為對敵國經濟之一大打擊，准函前由，業經由本部函令港澳總支部新加坡直屬支部迅派員與海員妥慎接洽，務使行動一致，以收拒運之實效。」由於瞭解實情，海外部考慮到現實情況。「海外僑胞，在居留地政府法限制之下，對於各種救國工作之推進，最感困難者，莫為抵制劣貨，一面恐觸犯當地政府之法令，一面又不能坐視仇貨之銷流，本部前所印發之『海外各地華僑救國團體工作綱要』，關於厲行對倭經濟絕交一節，即經詳為指示，計分：（一）調查販賣仇貨（二）對付輸入仇貨（三）對付輸出仇貨（四）對付敵國輪船（五）對付敵國商店等項；每項列舉辦法數條，其中最重要之點，則為因應環境，相機進行，一年以來，海外同志僑胞對於此種工作之推進，尚屬相當努力，而南洋各地，劣貨之輸入，已日見減少，（據英國駐星加坡貿易專員，將馬來亞華僑抵貨成績在倫敦公佈，一九三八年由日本輸入馬來亞之貨物其總價值為一千二百四十二萬六千元，而一九三七年尚有四千〇四十八萬二千元，幾乎每種貨物皆大為減少計綿織品由七百五十萬減至二百七十五萬，煤料之輸入，幾乎減少半數，洋灰之輸入減少，三分之二，腳車之輸入共值僅十一萬七千，輪船之開到馬來西亞各港者，其數亦大為減少雲。）每遇問題發生，本部則隨時予以指示，設法應付，如遇就地不能解決者，則飭將情形呈報本部查核辦理，其中經辦事項足報告者，約有下列數端：一、指示模里斯支部抵制劣貨工作　據該支部呈報，對於抵制劣貨，因奸商嫉視，進行不易，工作日趨鬆懈等情，特為指示如下：（一）抵制劣貨，應由黨員以身作則推而及於僑界，每個黨員除本身拒用仇貨並負責向僑胞宣傳外，應組織抵貨十人團，自為領導，擴大抵貨運動，普及僑眾，（二）抵貨運動倘能推及西商與土人則效力更大，（三）因抵貨而遭奸商嫉視，殆為必然之事，但勿因工作困難而稍存沮餒之念，必須加緊宣傳，繼續勇幹並因應環境設法裁制奸商。」對於經濟利益問題，每個人思想上都會產生些小波動，但若有人以身作則，也許情況就會發生變化。基於此點，由於海外部的參入，無疑加大僑胞抵制日貨的工作。而國民黨「以黨治國」的體制，以及僑胞與家鄉聯繫的現實，海外部的參加，還促使合法暴力在抵制日貨行動執行。「據越南南圻華僑救國會呈報，僑商蟻子材勾結敵人販運仇貨，被破獲後，反依借外力，陷害僑胞，經函駐西貢領事館查明屬實，當即抄錄原呈並檢附各項憑證，函請廣東省政府轉函綏靖主任公署抄封該僑原籍之家產，以警刁頑，旋准函覆，經照辦理。」海外部還與駐外使館合作，推行抵貨運動的運作。「據巴東支部呈報僑商鄭世寶售賣廢鐵資敵，本部據報後即函駐巨港領事派員查明核辦，茲據呈覆略稱：『此項廢鐵，係由鄭世寶之業務經理人蔡寶珠售與當地土人，未料及該土人轉售敵方，鄭世寶遠在外埠，對於此事全不知情，此案發生，應由蔡寶珠負完全責任，現蔡寶珠業被店主革退，以示懲戒，本館以該號用人失察，致滋事端，經手人蔡寶珠雖已革退，以仍不足以平公憤，除飭將售鐵所得悉數交出外，並密勸另撥五百盾助賑，該號業已照辦』等由。當將辦理經過，轉知巴東支部矣。」「查紐約永泰公司在美推銷中國絲襪一案，頗引起僑眾之懷疑，因該公司辦事處設在上海天潼路，係在敵人暴力控制範圍，其生絲來源，不甚可靠，且美邦人士正積極進行抵制日本絲襪運動，該公司以推銷中國絲襪爲標榜，尤易發生不良影響，本部據報後，經函請駐紐約總領事館查核辦理，旋據函覆『該公司已遵命停售絲襪，至於生絲來源之確切憑證，俟該公司轉函上海總公司取具送館再行審核辦理，相應將奉令辦理制止永泰公司推銷絲襪情形復請查明』等由，該公司已遵令停止售賣，此事可告一段落。」〔註 182〕此外駐外使館也積極主動參與抵貨運動。「挪威輪 Venkok 號到瑪務姥埠裝載生鐵，將運往日本資敵，船上華員三十七人。爲愛國心所驅使，拒絕工作，該輪大副挪威竟毆打華人舵手，全體華員憤激異常，現有兩人欲支薪解職，三十五人主張罷工離船，請領館向菲勞工部長及海關稅務司通知，並指示應付辦法，領館對此案已電請該省省長保護華人船員，並請省長勿強迫該船員下船工作，又電覆該兩華僑團體，請向該輪交涉，華員工資須照發，並資遣返華及負責其在菲費用等。」〔註 183〕

抵制運動取得了一定的成效。「星馬華人的『抵制日貨』及『罷工事件』的活動，是華人支持中國抗拒日本侵略的愛國精神的表現。華人的行動震動整個星馬社會，予以日本人以慘重的打擊。」〔註 184〕據瞭解在戰前，日本的貿易主要輸往地區以美國、中國、東南亞、印度以及歐洲各國爲主。在 1931

〔註 182〕陳鵬仁主編，劉維開編輯：《中國國民黨黨務發展史料：海外黨務工作》，第 187～189 頁。

〔註 183〕《華僑動員》第 12 期第 9 頁。

〔註 184〕楊建成主編：《南洋華僑抗日救國運動始末 1937～1945》，第 154 頁。

年，「輸往東南亞的數值達到一億零九百萬日元，雖然較輸出到美國的四億二千五百萬日元及輸往中國的二億五千八百萬日元，尚遠不能及；不過，較輸往到歐洲各國的一億零一百萬日元，則已凌駕其上，若與輸往印度的一億二千萬日元相比較，則已等量齊觀。」〔註 185〕但在戰時，由於華僑的抵制等因素的影響，日本的對外貿易開始下降。下列是數字頗能說明一些問題。

**抵制期間日貨輸入星馬的數值**（單位：元）

| 年　　份 | 日貨數值 | 年　　份 | 日貨數值 |
|---|---|---|---|
| 1937 年 7 月 | 4,604,000 | 1937 年 12 月 | 1,918,000 |
| 1937 年 8 月 | 4,061,000 | 1938 年 1 月 | 1,029,000 |
| 1937 年 9 月 | 3,246,000 | 1938 年 2 月 | 777,000 |
| 1937 年 10 月 | 2,437,859 | 1938 年 3 月 | 997,700 |
| 1937 年 11 月 | 1,642,000 | 1938 年 4 月 | 878,000 |

資料來源：楊建成主編《南洋華僑抗日救國運動始末 1937～1945》，第 166 頁。

如果說華僑的捐輸是為增強自己的抗戰能力，那海外華僑的抵制運動則是削弱日本的戰爭能力。

## 五、文化教育政策

1929 年召開華僑教育會議認為：「教育之目的，不外培養民族之各種能力，使能發揚光大其固有之民族精神，而造成偉大崇高普遍之文化。」「本黨鑒於民族之生存，須先發揚其優越之民族性，而優越之民族性之培養充實，又非藉教育之力不為功。故於提倡教育之中，特別注意於海外僑民之教育。」〔註 186〕此無疑道出華僑教育在國民政府的意義，認為通過華僑教育以之培養中華民族精神。「國內僑教是指僑生回國升學和就業……國外僑教那就是海外黃帝子孫的培植。」「華僑的靈魂出自僑教的反映。」〔註 187〕

教育部部長朱家驊也認為：「華僑子弟遠離祖國的懷抱，應從速補習祖國的教育，俾做一個現代的中華民國國民，而有愛護祖國的熱忱，激發這種熱

〔註 185〕楊建成主編：《南洋華僑抗日救國運動始末 1937～1945》，第 155 頁。

〔註 186〕《華僑教育會議宣言》，載《華僑教育會議報告書》，無編者，無出版社，1930 年，第 1 頁。

〔註 187〕周尚：《戰後華僑教育》，《教育雜誌》第 32 卷第 1 號，第 96 頁。

忱，必須對祖國的一切有深刻的瞭解，瞭解祖國的方法，先要研習祖國的歷史、地理、祖國的文化，以及祖國的文字，語言。……這些，乃是產生愛護祖國熱忱的根源。」〔註 188〕正是基於這些認識，國民政府制定相關的華僑教育政策、宗旨，頒佈了各項法令、法規，並採取一系列措施扶持華僑教育，大力發展華僑教育事業。

**（一）護助僑校**（含教材、師資、經費、暫時設立國內僑校等手段措施）

抗戰前，國民政府對待華僑教育雖然呈現出比較熱情的關注，如 1929 年教育部設置了辦理華僑教育的設計咨詢機關——華僑教育設計委員會，1929 年召開全國性的華僑教育會議，相關機構、人員進行了調查了海外僑社僑教的情況、計劃僑教的改進、計劃僑教的經費、籌劃師資的培訓、課程的設計、教材問題的提出等等工作，但總的說來，上述內容主要還是停留在計劃之中，只為一紙空文，並沒有具體實施，戰前國民政府在僑教政策方面的工作主要放在海外僑校立案方面。但上述工作無疑是為抗戰時期僑教政策的具體實施打下一個堅實的基礎。在抗戰時期，國民政府基於實際情況，對僑教政策進行了一系列的整改與實施。

1931 年國民黨中央執行委員會第一五七次常會通過的《三民主義教育實施原則》規定，華僑教育的目標為：「一、根據中國教育宗旨及其實施方針，以謀華僑教育之統一和發展。二、根據華僑之特殊環境，為提高華僑在國際上的地位，促成中外民族間之平等起見，應從教育方面力謀華僑民族意識之增進，華僑自治能力之訓練，與華僑生活之改進及生產能力之養成。三、根據華僑教育之實際狀況，力謀華僑普通教育、職業師範教育、社會教育及補習教育之改進和發展。」〔註 189〕基於此目標，抗戰時期，為爭取海外僑民的支持，培植民族意識，國民政府開始在海外大力進行各種僑校的護持。「查有若干僑民居留地僑民眾多，尚無僑民學校之設（或因經費籌措困難，或因無人倡導，或因環境特殊）遂致所有學齡僑童均喪失受祖國教育之機會。其家庭較為富裕者，則入當地政府所設立之學校受異國教育，致為其所同化。其家境較為清貧者，固不能受異國之教育，然因不識、不知，毫無祖國觀念，

〔註 188〕朱家驊：《致美洲華僑學校教職員學生公開信》，《華僑評論》第 10 期，第 3 頁。

〔註 189〕中國第二歷史檔案館編：《中華民國史檔案資料彙編》第五輯第一編教育（二），第 1045 頁。

無異當地土著。」〔註 190〕僑委會爲了補救此項缺陷、培植中華民族精神起見，「乃於去年（即 1940 年）撥款在澳洲之雪梨，及美利濱，兩地設立僑民小學。今年（即 1941 年）除續撥款一萬元加以充實外，更擇定下列各地分別創設□□充實。（一）印度噶倫，有漢藏僑民□□，而無僑校之設立，蒙藏委員會函請撥款八千元在該地設校，經函覆照辦，現在進行中。（二）據雲南佛海縣政府呈，以該地頗多由泰國退出之僑民子女，請撥款在該縣設校收容等情，已准撥一萬元設立小學。（三）緬甸□棟，接近泰國，泰國環境特殊，經撥款一萬元，在該地設立僑校以收容泰國來學之僑童。（四）檳榔嶼接近泰國，亦擬撥款八千元，設校收容由泰國來學之僑童。（五）危瓜馬拉（中美）總領事館呈請撥款在該地設校收容僑童。已准撥一萬元開辦。（六）紐西蘭之威靈頓，及奧克蘭，原有僑民頗多，廣州淪陷後，僑民子弟往該地就學者更多，該地雖各有僑校一所，惟設備簡陋，辦理不善，已各撥九千元，加以整頓充實。」〔註 191〕

對於「爲使年長失學之僑民獲得簡易之知能」的民眾學校，1936 年 3 月僑委會就聯同教育部致函中央要求撥款資助華僑設立民眾學校。並隨函附送何如群等人提案。〔註 192〕抗戰爆發後，僑委會即於 1939 年訂定「僑民民眾學校規程」，分別令飭海外領事館僑團僑校負責辦理外，並於 1940 年「撥款指定駐新嘉坡等地領事館僑團僑校設立民眾學校一百班，以爲示範。每班由本會補助一百元，並編印『怎樣辦理華僑民眾學校』一書分發參照實施。三十年度當經繼續撥款辦理一百班，每班予以二百元補助。」主管海外工作的黨務機構——中央海外部也在積極謀劃此項政策，「爰頒發海外總支部直屬支部附設僑民夜校規程，通令海外總支部直屬支部酌量當地情形及經濟狀況，設立僑民夜校一所或二所，招收不識字之本黨黨員與青年僑胞，教以國語習字及各種職業常識，並須注重精神講話，灌輸本黨主義，校長及教職員，由黨部工作人員及所屬黨員分任之，爲義務職，經費以當地黨部自籌爲原則，本部得斟酌情形，按月予以補助……據報已開學者，則有換鹿、星加坡、澳門、

〔註 190〕「僑委會三十年工作報告」，中國第二歷史檔案館館藏行政院檔案，全宗號二，案卷號 6660，微縮 16J～1331。

〔註 191〕《現代華僑》第 2 卷第 9 期，第 30 頁。

〔註 192〕中國第二歷史檔案館編：《中國國民黨中央執行委員會常務委員會會議錄》（二十一冊），第 157 頁。

帝文、模里斯、麻鳌柏板等直屬支部及菲律賓所屬蘇洛支部。」〔註 193〕而對於職業學校僑委會則在積極推進。1939 年訂定「僑民職業補習班規程」，普遍倡導設立僑民職業補習班。1940 年僑 29 丁字第 3368 號訓令要求，各駐外使領館「飭遵前頒表格尅日將管轄區域內之職業教育狀況及僑生肄業當地職業學校情形，切實調查詳細填報勿延」。隨即各使領館也隨即將其管轄地區的情況向僑委會彙報。如駐山打根領事館山字第 968 號呈稱：「……查報駐地職業教育狀況及僑生肄業當地職業學校情形等因；查本館轄內，迄無職業學校之設立。理合專文呈覆。」駐瓜地馬拉總領事館也言：「……查本館轄區內無職業教育而當地僑生，亦無肄業當地職業學校者。」但在同年度僑委會仍然「於二十九年度撥款指定駐新加坡等地領事館會同當地僑團僑校設立職業補習班二十五班，以爲示範，每班由本會補助四百元。三十年度當繼續撥款辦理四十班分配於海外僑民較多之地點，每班補助五百元。」惜對於「獎助華僑學生肄業僑居地職業學校及技藝專科學校」事項，則由於「經分飭各領事館調查當地職業教育及技藝教育狀況暨華僑學生肄業當地職業學校及技藝學校情形，然後根據調查所得決定補助其中成績優良之華僑學生，以資鼓勵。惟據報廖廖難於核辦。」〔註 194〕

教師作爲學校運作的主體，是影響學校發展的重要因素。僑校師資問題一直都是困擾著海外僑教的發展要素。如外交部與僑委會提出的「華僑教育實施方案」就認爲「海外僑校師資缺乏，程度不齊，影響華僑教育至爲重大。」而國民黨駐美國總支部書記長黃伯耀在報告美洲華僑教育情況與改進意見裏提到：「除三藩市、紐約、波士坡、斐士那市、作頓美利允沙加緬度挖慎委、加拿大之溫哥華、都郎杜、多利域等埠設有華僑公立學校外，其他百數十大中小埠均無學校設備，師資亦欠缺，華僑子弟多有不能說中國話者，在家庭內有許多爲父母者亦用三七四六成英語與其兒女談話，再過數年，若不設法使之讀中國文字，則盡奕爲美化及加拿大化。」〔註 195〕海外僑校師資缺乏是

〔註 193〕陳鵬仁主編，劉維開編輯：《中國國民黨黨務發展史料：海外黨務工作》，第 167 頁。

〔註 194〕「答覆關於僑校狀況之詢問」，中國第二歷史檔案館館藏僑務委員會檔案，全宗號二二，案卷號 72；「僑委會三十年工作報告」，中國第二歷史檔案館館藏行政院檔案，全宗號二，案卷號 6660，微縮 16J-1331。

〔註 195〕「外交部僑委會關於華僑教育案」，中國第二歷史檔案館館藏僑務委員會檔案，全宗號二二，案卷號 645。

戰前不爭的事實。據 20 世紀 30 年代錢鶴的南洋僑校的調查，海外僑校的師資力量是欠缺的。如「沙朥越咪哩坡公立中華學校（Chung Hwa School）教職員 4 人，學生 108 人，學生原籍廣東 9/10，福建 1/10。」「蘇島日里老武漢中華學校（Chung Hwa School）校長鄭源深，女教員郭閨文，共二人，複式一二年一班，三四五六年一班。學生 90 餘人（女生三十餘人）。」「日里勿灣中華學校校長鄭澤民，女教員林某共二人，複式一二三年一班，四五年一班，共兩班，學生共 90 餘人（內女生 20 餘人）。」「蘇門答臘馬達山華強學校（Hwa Chung School）校長葉子元，教員蔡忠宴，小學五級，分兩班教授，學生 76 人，內有女生 14 名。」「蘇門答臘甲文惹中華學校校長蔡毓才（兼教員），學生 28 名，內女生四名。粵籍 60%，閩籍 40%。」〔註 196〕因而如何促進戰時海外僑校的師資力量是僑委會比較積極推進的工作之一。綜觀該時期國民政府的僑教政策，其主要通過如下途徑增進海外僑校的師資力量。

第一爲舉辦僑教函授學校，培養僑教師資。僑委會「爲對於現任僑民學校教職員充實其一般知識，增進其專業技能並予以精神上之訓練，高度提起其服務興趣，使成爲實施三民主義教育之優秀人員起見，特設立僑民教育函授學校。」〔註 197〕函授學校是於 1939 年 11 月開始籌設，於 1940 年 7 月正式成立，附設於僑委會駐渝辦事處內辦理校務。據瞭解，函授學校設校長一人，由僑務委員會委員長陳樹人兼任。副校長二人，由僑務委員會副委員長周啓剛及僑民教育處處長余俊賢兼任，並聘請教育部部長陳立夫爲名譽校長。在校長下面設教務事務兩組，各設正副組長一人，組員若干人，會計一人，書記二人。「擔任編撰各科講義者，計有吳敬恒，梁寒操、諶小岑、余俊賢、李長傅、吳研因、姜琦、胡寄南、章益、張嶧陽、李炳樑、曾特、何士芳、錢安毅、林乾祐等十餘人，均爲當代知名之士，而對於所任各該學科有精深之研究者。」〔註 198〕所函授的課程「計分四大類，凡十七科」。包括「總理遺教」、「領袖言行」、「最近國內外情勢」、「教育概論」、「教育心理」、「僑校行政」、「僑校訓育」、「戰時教育」、「華僑移殖史」、「中外條約」等等。由僑委

〔註 196〕錢鶴編：《南洋華僑學校之調查與統計》，暨南大學南洋文化事業部發行，1930 年，第 33～34、77、79、80、82 頁。

〔註 197〕「僑委會三十年工作報告」，中國第二歷史檔案館館藏行政院檔案，全宗號二，案卷號 6660，微縮 16J-1331。

〔註 198〕伍瑞鍇：《僑民教育函授學校辦理經過及今後計劃》，《現代華僑》第 2 卷第 6、7、8 期合刊，第 13 頁。

會「每周印發講義約計200～300份，交由重慶川東郵政管理局作大宗航空郵件，經香港轉郵各地」。〔註199〕第一期招生1250人，84%以上爲現任僑校教師，主要來源於亞洲、美洲、非洲、大洋洲四大洲。規定修業期間爲一年半。

第二種途徑爲辦理僑民教育師資訓練班。1939年僑委會經呈奉行政院批准，獲撥款54600元設立僑民教育師資訓練班，訓練優秀師資派赴海外僑民學校服務。該訓練班「招收中上學校畢業生，專門研究教育，或具有教學經驗者，予以六個月之訓練」，畢業後，即派往海外僑校任教。訓練班教授的科目包括四大類：基本科目，如「總理遺教」、「領袖言行」等；教育科目，如「教材教法研究」、「僑校行政」、「僑校訓育」等；僑務科目，如「各國拓殖史」、「華僑移殖史」、「中外條約」、「華僑居留地法規」等；補習科目，如「應用文」、「新聞學」等。〔註200〕

第三種途徑爲設立國立華僑師範學校。「除由以上兩項辦法訓練新舊師資外，當嫌不足爲經常造就在海外推行三民主義教育之優良師資起見，三十年度當會同教育部設立國立華僑師範學校一所，多招粵閩兩省學生就學（海外僑民多務粵閩籍人，如能造就粵閩籍師資前往海外僑民學校服務自較便利），第一年辦師範兩班，實驗小學四班（單式二班複式二班）幼稚園一班，以後逐年增加，至少達到設置師範六班，必要時並設特別師範科若干班，另設實驗小學四班（高級單式初級複式）幼稚園二班」。

第四種爲在海外立案僑民中學內添設師範班。「目前海外僑民學校爲數三千餘，每年所需補充師資非少，自不能完全由國內訓練派出服務，且有若干居留地政府對於知識分子之入境異常注意，往往加以阻止，故在海外僑民居留地設立師範學校培養小學師資擔任當地僑民小學教職員，實爲必要之圖。」

第五種培養海外僑校師資的方式爲舉辦僑民學校教職員暑期講習會。「本會爲便利現任僑民學校教職員暑期進修並研討校務教務訓育及各科教學問題，籍資增進個人知能，進而改進僑民學校起見，決定利用暑期間召集各僑民學校教職員舉行講習會。三十年度會同教育部先在香港新嘉坡二地分別舉行。」〔註201〕

---

〔註199〕韓世嘉：《抗戰時期國民政府僑務委員會》，《武漢文史資料》2001年第4期，第36頁。

〔註200〕余俊賢《最近一年來僑民教育設施》，《現代華僑》創刊號，第5～6頁。

〔註201〕「僑委會三十年工作報告」，中國第二歷史檔案館館藏行政院檔案，全宗號二，案卷號6660，微縮16J-1331。

抗戰前，已有學者對海外僑校教材問題提出意見。「改編教科書的聲浪，近來很有人提議過，原因是祖國的教科書像公民自然等科，多和南洋情形不合。」〔註 202〕「現在華校所用之教科書，概取諸商務中華兩書局所出版者，其內容材料多不合於南洋社會狀況與需要，尤其常識一科更爲差謬。」〔註 203〕抗戰爆發後，僑委會開始著手編輯僑校教材。在一份國立編譯館教科用書組至僑委會秘書處的信件裏講到：「……本館奉命接收教育部教科用書編輯委員會所有教科用書之編審工作，概由本館賡續進行。查前教科用書編輯委員會因編輯僑民初中課本，爲征集各種有關資料及關於僑民初中課本中諸實際問題之請求解答起見，曾於去年（1940 年）十一月二十六日以編字第 719 號公函，檢送『關於僑民初中公民課本中請指示諸問題』十五份及『僑民初中公民課本目錄』一份，……刻本館正著手校訂此種課本初稿，函需參考實際資料，懇將能以解答各問題，先行抄繕賜下，其餘則可陸續予以解答。」〔註 204〕在收集一定的資料後，僑委會即編印部分僑校教材。關於僑民小學教科書及教學法共計 86 冊，已完成 43 冊。科目包括：高小國語、高小自然、高小社會、高小算術、高小商業、初小國語、初小常識、初小算術等；而「教授書完成 17 冊。」〔註 205〕這些已完成編輯的教材隨即一部分交由香港商務印書館承印。除了教材之外，僑委會還進行其他方面的教材編輯工作，「茲查南洋英美屬地之華僑學校爲應付當地政府之要求，及事實之需要，對於英語一科均列課程表內，爲適應此種要求起見，當於三十年下半年繼續編輯僑民小學英語課本，並於年底以前編輯完竣。再次，海外僑民學校之中初級中學亦屬不少，爲使僑民初級中學學生獲有完善之課本起見，當於三十年度下半年著手進行編輯僑民初級中學各科課本，定於三十一年底以前全部予以編輯完竣。此外海外僑民民眾學校亦逐漸設立。爲使各民眾學校學生獲有適應需要課本之起見，亦當於三十年度下半年著手編輯僑民民眾學校課本，並於年底

〔註 202〕沈秋嵐：《華僑小學教育的商榷》，載棉蘭華僑教育總會編輯：《蘇島華僑教育叢刊》，1931 年，第 32 頁。

〔註 203〕陳豐年：《改進棉蘭華僑教育之我見及建議》，載棉蘭華僑教育總會編輯：《蘇島華僑教育叢刊》，1931 年，第 60 頁。

〔註 204〕「僑民教育教材編輯室關於僑民初中公民課本疑難問題與僑民教育處等單位的來往文書」，中國第二歷史檔案館館藏僑務委員會檔案，全宗號二二，案卷號 312。

〔註 205〕余俊賢：《最近一年來僑民教育設施》，《現代華僑》創刊號，第 5 頁。

以前編輯完竣付印。至於海外僑民學校員生參考之圖書，亦亟待編印，以供應用。」〔註 206〕

國民政府在進行上述扶持海外僑校工作之外，它還對已立案的僑校進行經費支助。1938 年僑委會在致教育部一份公函中即言：「查僑民教育補助費，係用以補助已立案而辦理成績優良經濟確屬困難之僑校，及清貧僑生回國升學等。其變通辦理撥款創辦學校者，只有古巴墨西哥檀香山倫敦四處。香港方面則未曾有。」〔註 207〕而在 1942 年僑委會就「補助海外僑校三十三校，內遷僑校十五校」，共花費十四萬元。〔註 208〕

### （二）海外文化刊物宣傳

海外僑胞僑居國外，長期遠離祖國，對祖國部分消息難免是隔膜的，對抗戰部分信息也難免知之甚微，這多少會影響他們對祖國的感情，影響他們對祖國的捐輸。僑委會等僑務機構爲了讓僑胞能夠更多瞭解中國抗擊日本的信息，爭取海外華僑社會的同情以及經濟支持，隨即構築自己的宣傳陣地，加大宣傳力度。他們大致進行以下政策的實施。

首先在刊物方面努力。1938 年 3 月，僑委會創辦機關刊物《華僑動員》，爲適應海外環境，1940 年 4 月改名爲《現代華僑》。僑委會委員長陳樹人先後爲《華僑動員》和《現代華僑》題寫刊名。1938 年國民黨中央海外部創辦了《華僑先鋒》，吳鐵城爲之題寫了刊名。這些刊物主要刊登國民黨的重要宣言、領導人的言論、有關僑務方面的政策法規、海外黨務的法令規章、專論、華僑動態、華僑抗聲、僑史漫談、專題報導、和國際要聞、國際時事等內容，報導僑胞愛國運動的發展情況、募捐成績和感人事跡，以及祖國抗日戰況等，加強了祖國與各國華僑的相互聯繫。汪精衛叛變後，這些刊物還開闢「抗日討汪」專欄，揭露汪逆漢奸在華僑中的卑劣行徑，綜合報導海外各地抗日討汪運動的盛況，「將全球僑胞討汪之言論作綜合的敘述，以顯示僑胞肅奸之一致行動。」〔註 209〕在南洋僑社中曾享有一定聲譽的張永福後代表汪僞政府在

〔註 206〕「僑委會三十年工作報告」，中國第二歷史檔案館館藏行政院檔案，全宗號二，案卷號 6660，微縮 16J-1331。

〔註 207〕「關於華僑教育問題的建議與詢問」，中國第二歷史檔案館館藏僑務委員會檔案，全宗號二二，案卷號 315。

〔註 208〕「僑委會工作成績考查表」，中國第二歷史檔案館館藏僑務委員會檔案，全宗號二二，案卷號 87。

〔註 209〕陳鵬仁主編，劉維開編輯：《中國國民黨黨務發展史料：海外黨務工作》，第

南洋一帶活動無所成果，從一定意義上說，可以看作是國民政府僑務宣傳的一個成效。而僑委會在文化宣傳刊物出版上的艱難進行，也可以看出國民政府在這方面的策略要求。「惟該刊（指《現代華僑》）以前在重慶印刷寄發紙張粗劣，印刷草率，且往往數月不能印就一期，允以交通困難，寄遞遲滯，□達海外時，難免有明日黃花之感。三十年度爲補救上項缺陷起見，擬將該刊移往香港印刷及寄發。至編輯事宜仍應在渝本會辦理，並將編就之稿件航郵寄至香港。」「最初幾期，是由何汝津同志主編，我不過站在另一部門和他幫忙而已，記得去年六月三日何同志哭喪著臉對我說：『創刊號，已於五日付印，也已排版，校對過，可是幾天前，給敵機炸毀了，唉！只好叫他重新排版。』」〔註210〕黨務系統的海外部甚至編印不定期刊物，以之爭取具有中國血統但不懂中文的僑胞，反映他們考慮問題有一定的細緻性。「爲便不諳國文之土生僑胞閱讀及對國際宣傳起見，本部刊行不定期英文刊物，『愛國』一種，內譯述總裁言論，及黨國先進有關抗戰之論著，並撰論表揚我軍戰績，暴露敵人陰謀及暴行，報導祖國經濟建設情形，提高僑胞愛國等等英文論文，現出至第二期，第三期最近趕印中。」〔註211〕

國民政府針對海外僑社宣傳的第二種方式是對僑社進行廣播。「本會（指僑委會）關於廣播範圍，分抗建業務、慰勞通訊四種，每逢星期三下午五時，講播一次。關於業務慰勞通訊三項由本會直接派員赴中央廣播臺播講。關於抗戰建國事宜，則聘請黨國名流與歸國僑領輪班地播。計由去年八月至本年五月止，共播講四十八次。」〔註212〕此外還有其他的廣播形式出現，如在1942年元旦之日，國民黨中央秘書長吳鐵城對海外僑胞發表元旦致詞。部分到達重慶的僑領也向海外僑社進行廣播，要求僑胞積極支持國民政府。

第三種途徑是指導及援助、獎助海外宣傳機構、報刊等。「查抗戰以還，海外各地敵僞宣傳極爲活躍。本會（指僑委會）曾不斷予以有傚之打擊。茲

182頁。

〔註210〕李屏周：《本刊一週年的經過和今後的改進》，《現代華僑》第2卷第5期，第2頁。

〔註211〕陳鵬仁主編，劉維開編輯：《中國國民黨黨務發展史料：海外黨務工作》，第183頁。

〔註212〕「僑務委員會向國民參政會四屆一次大會提出工作報告」，中國第二歷史檔案館館藏行政院檔案，全宗號二，案卷號6667，微縮號16J-1331。

值南洋局勢日趨緊張之際，自當積極進行下列工作：（一）編印宣傳綱要，分發各地華僑報社雜誌社等，依據撰文發表；（二）指導各僑團僑校等辦理壁報（辦法另訂之）（三）指導各僑團僑校等組織宣傳隊。（四）指導華僑劇團從事抗戰宣傳（與國立劇專會商辦理）（五）督促各僑團僑校等依照本會二十九年度頒發之『防範反動宣傳暫行辦法』切實施行。其辦理有成績者予以獎勵。」「抗戰以來，華僑文化團體對於抗建宣傳至為努力。三十年度當從事調查考覈其成績優良者當給予獎狀獎章等，以資鼓勵。其經費困難者亦當酌予補助，使其繼續發展。」〔註 213〕而「海外報社領受津貼向由海外部負責」。〔註 214〕同時國民政府從外交角度出發，通過民間組織的形式親自參與。「本會為使海外僑胞明瞭祖國情形及國內各界明瞭僑胞活動狀況起見，三十年度決定舉辦華僑通訊社為新聞報導，並藉資促進國內外同胞之精誠團結，消弭敵偽之謠語□言，惟為避免僑民居留地政府之注意，及使國內外同胞不以官方消息視之而增加宣傳功效起見，決以一般文化團體之恣態出之，即由本會指定負責人員撥定經費，獨自辦理是也。」〔註 215〕

文教方面第四個努力是積極溝通僑眷與僑胞之聯繫。「烽火連三月，家書抵萬金。」1944 年僑委會更是出臺譯轉僑眷家信工作，為僑胞爭取到一種心裏安慰的精神食糧。「前幾天看見報上載有與南洋通訊辦法一節，謂由僑務委員會轉交。見了這消息，眞使我歡喜得說不出話來。生的雙親都在新加坡作事。自徑太平洋戰事以後，音信間斷，現在既能通信，就匆匆地寫了一封，頂請先生代為轉送，不勝感激。就此順頌公祺。」「閱本省中央報載，才知道貴會現為僑胞代通海外音訊，這個消息的佈露，不但我們得到鼓舞忭欣，想處在國土的僑眷知道，個個也會喜出望外的。回念自太平洋戰事爆發，僑音斷絕以後，每個僑胞都在憂慮地想念謀生海外的家人，不知道生活怎樣？我們也是一樣地擔心著多年沒有通信的親人了！現在貴會義務代各僑胞轉達音信，實給僑眷一個難得的便利。如果去信能得回音，彼此眞要覺到『平安二字值千金』的欣慰。同時對貴會的感謝眞是筆墨所不能形容出來的。我們依

〔註 213〕「僑委會三十年工作報告」，中國第二歷史檔案館館藏行政院檔案，全宗號二，案卷號 6660，微縮 16J-1331。

〔註 214〕「關於處理各華僑刊物出版機構補助問題」，中國第二歷史檔案館館藏僑務委員會檔案，全宗號二二，案卷號 432。

〔註 215〕「僑委會三十年工作報告」，中國第二歷史檔案館館藏行政院檔案，全宗號二，案卷號 6660，微縮 16J-1331。

照貴會所定辦法，寫成去信四封，懇託貴會按照海外住址分發是盼是禱！順付上郵票四元，希接後，撥忙覆知，藉慰我們久久的懸念，諒貴會必能做到，並望把轉信的情形告知一二。」「因小兒朱燿奎向在南洋怡保埠（星架坡屬）業商，與其妻兒等居住坡士打街十九號門牌，已無音訊回家三載。曾在南雄附函，前途亦無音覆，盼望彌深。頃閱本年三月十八日韶關（大光報）載貴會爲利便國內僑眷與海外僑胞寄發家信起見，特訂定代寄辦法五條，由粵僑務處公佈。讀之餘仰見施惠僑胞莫名欽佩。茲特遵照辦法五條，將附與小兒朱燿奎家信一紙夾呈貴會敬乞代譯西文轉寄南洋（怡保埠坡士打律（原文如此）十九號探交。則感戴高情厚誼於靡涯既及矣。」「在三月四日的浙江東南日報上看到載有貴會訂立與僑胞免費通訊的一欄消息。所以現在特請貴會轉達。」〔註216〕據統計至1945年5月止，僑委會這「譯發此項信件有三千三百十九封」，主要以往南洋地區。〔註217〕僑委會這項工作深得僑眷的稱讚，因爲僑眷的心情都是無比激動的：「不勝欣慰」、「極感德便」、「無任盼禱」、「實爲僑胞之救星」、「令人興奮」、「感恩無量」、「諸多費神」、「甚爲喜耀」、「實爲德便」、「至深銘感」。

抗戰爆發後，整個中國的局勢日益嚴峻，但僑務工作不僅沒有因此而中斷，相反國民政府和僑務機構都積極地做出調整，使得抗戰時期的僑務政策對比戰前竟要更廣闊和豐富了一些，也更有針對和側重。其中，動員政策是戰時僑務政策的重中之重，從人力、物力、財力各方面爭取海外華僑華人社會的支持，很大程度上緩解了國民政府面臨的越來越大的壓力，動員政策因此可視爲對抗戰勝利貢獻最大的僑務政策之一。同時，其他僑務工作的範圍，如救僑、護僑、僑教、僑團等方面也進行了適時的政策調整和延伸，這都保證了戰時僑務工作的順利推進。實踐上，有賴於以海外部爲主的中央和各地方僑務機構的不懈努力，這些僑務政策得以不同程度地付諸實施。可以說，戰時僑務政策是國民政府僑務政策中的比較成功之處和亮點之一。

〔註216〕「僑委會轉寄海外華僑家信地址名單」，中國第二歷史檔案館館藏僑務委員會檔案，全宗號二二，案卷號208。

〔註217〕「僑委會三十年工作報告」，中國第二歷史檔案館館藏行政院檔案，全宗號二，案卷號6660，微縮16J-1331。

# 第六章　兩大系統的僑務政策運作考察

相對而言，政策的執行、運作對於政策的確立來說，是一個更爲複雜的問題，但從而促使政策體系成爲一個完整的系統。國民政府的管理職權從性質上講是一種執行權，它的基本職責就是具體貫徹執行由最高國家權力機關制定的法律和通過的決議，執行相關政策的內容。而隨著僑委會之建立，南京國民政府的僑務體系正式形成一個完整體系。南京國民政府時期，僑務與眾多黨政機構有著很大的關係。據李樸生 1936 年的統計，包括內政部、外交部、實業部、教育部、交通部及中央黨部都頒佈有與僑務相關的條例法規。〔註 1〕在政策運行的過程中，各行政機構在涉及相關業務方面無疑都具有權力中心的功能，但「每一個權力中心，無論是個人還是組織，都有不同的動機和目標」，也正是「因爲各種權力中心有著不同目標，而且對於達到目標的各種可供選擇的手段的效應和代價如何也各有自己的判斷，政策上的衝突和鬥爭就由此而生。」〔註 2〕因而作爲僑務主管機關的僑委會，如何在眾多的衝突中更好執行僑務政策是筆者考察的目的之一。同時，在考察僑務政策執行過程中，筆者更多的是強調各機構（部門）的目標、價值方面的不同，從而引發它們之間的衝突，而不是誠如一些論著所強調的，在國民黨政府，更多是權力的爭奪而引發機構之間的衝突。不可否認，權力爭鬥無疑是國民

〔註 1〕參見李樸生：《僑務委員會的根本問題》一文，李樸生：《華僑問題導論》，第 69～76 頁。

〔註 2〕〔美〕羅傑·希爾斯曼、勞拉·高克倫、帕特里夏·A·韋茨曼著，曹大鵬譯：《防務與外交決策中的政治——概念模式與官僚政治》，第 121、123 頁。

黨政治舞臺中比較普遍的現象，但我們也不能忽視，在國民黨政府中也有一部分官員、人員是具有追求其價值的情懷。「雖然追求權力可能是參與政治者的動機之一，但絕不是唯一的動機，而且有時它甚至連部分動機也不是。」〔註 3〕因而在考察政策的執行過程中，千萬不能強加前提。

## 一、僑務政策的海外運作：海外部與駐外使領館

陳之邁在《中國政府》一書曾言：「行政院以外也盡有行政機關，軍事委員會、中央黨部，現在都有行政機關，他們同行政院是並立的，不相隸屬的。」〔註 4〕此言道出了國民黨在行政系統上存在著黨政雙軌二元行政的模式。僑委會雖爲掌理抗戰時期僑務工作的最高行政機關，但是僑委會有一定先天不足，就是其在海外不擁有駐外機構，並沒有常駐機構存在於海外各僑社。據僑委會組織法，「僑務委員會關於主管事項，對於駐外領事得指揮之。」因而對於海外有關僑務事項，僑委會往往是利用公文制度，致函駐外領館處理之。而抗戰的爆發，國民政府動員政策的出臺，促使國民黨中央無意識地改變戰前僑務政策的運作模式，利用海外黨部遍佈海外各僑社的現實，採用黨務系統的加入，成立海外部，以之與駐外使館相合作，共同運作相關僑務政策，以之指揮、指導、領導海外僑社進行有效的抗戰活動，以求取得更好有效利用海外僑社的各種力量。從而促使抗戰僑務政策運作的一種模式產生：黨政雙軌二元的實地運作模式。在這種模式之下，海外部通過函電指揮海外黨部實地運作海外工作，同時不斷地派出有關人員前往海外僑社指揮僑運工作，協調僑社力量的整合，此外還在海外成立相關派出機構實地指揮、協調僑社抗日、救僑、組織救國團體等各樣僑務工作，在工作中海外部既獨立地運作，同時又不斷地與僑委會、駐外使館等黨政部門相聯繫、合作，處理僑社不斷出現的各類僑務問題。而駐外使館既與海外部共同指導海外僑社的僑運運動，同時又接受僑委會的相關指示，協調海外僑社的關係，處理僑教、救僑、僑胞之間的糾紛、指導僑商投資國內等等僑務工作。

1942 年，僑委會以國民黨「海外同志現時爲數尙不滿十萬，在華僑一千餘萬人中所佔比例尙不及百分之一。而僑民社會派系龐雜，對於黨員無深切

〔註 3〕〔美〕羅傑·希爾斯曼、勞拉·高克倫、帕特里夏·A·韋茨曼著，曹大鵬譯：《防務與外交決策中的政治——概念模式與官僚政治》，第 117 頁。

〔註 4〕陳之邁：《中國政府》第二冊，第 17 頁。

之認識，其所居的地區又爲我政項力奠所不及能及，民運組訓由黨領導頗有困難。」現在「中央院已決定統一民運領導方式，將國內前此屬於黨部之社會機構改隸政府。而對於海外則前此僑運工作，黨的機構本不應責此管，反加以增強，與中央進行對於民運之統一領導政策相違背。」且僑委會「關於主管事項，對於駐外領事得指揮之」，要求接管海外僑運工作，指導海外華僑組織抗日工作，以之增強僑務行政機構的職權。但國民黨中央似乎是認同海外部提出的「海外黨務組織遍及全球，而僑務委員會在海外未設立機構」的現實，默認由海外部指導海外僑社的執行權。〔註5〕事實上即使沒有這方面中央的決議，國民黨海外部也會據其實際，行使實際運作權。在「以黨治國」的體制下，隸屬行政系統的僑委會是無法處理海外僑社的諸多實際業務的。「蓋海外黨務之基礎，純然建造於歷史相傳的道義精神之上，原非一般條文法規盡能拘制，尤其征諸各地實況，自有其不成文慣例存在，中央體察利用，一切處理自不至發生多大困難，倘囿於一定之條文規章，是等閉門造車，反見捍格不通，難切實用耳。」〔註6〕因而在此運作體制下，僑委會惟有妥協、協調方式，始能更好運作僑務政策。正是在此現實的情況下，抗戰時期，國民黨海外部與駐外使館等在僑社實地地執行有關僑務政策的措施。

在一份僑委會致國家總動員設計委員會的公函裏，僑委會詳細地彙報其在辦理抗戰動員工作的內容：一、獎勵華僑捐款及購買救國公債，方式包括通電、廣播、釐訂相關辦法分發海外僑團以及部分僑務委員分赴海外勸募。二、向華僑宣傳抗戰意義及消息。三、指導各地領館報社或僑胞參加國際宣傳工作。四、遣送旅日華僑歸國。五、核發僑民學校補助費。六鼓勵僑胞月捐，方式爲通令海外僑團僑胞舉行及通令駐外使館督促。七、勸導僑胞投資國內，方式包括函令使館及僑團、會同湖南省政府訂定獎勵辦法等。八、指導華僑技術人員回國投效，手法是通告或函送有關團體機構等。九、處置罷工歸國海員及礦工。十保護港澳沿海漁民。十一、救濟暹羅被逐僑民。〔註7〕1941 年陳樹人《抗戰期中的僑務工作》中總結僑委會所爲的僑務工作：一、

〔註 5〕「中央海外部社會科業務與僑務委員會主管業務牴觸案」，中國第二歷史檔案館館藏僑務委員會檔案，全宗號二二，案卷號 7。

〔註 6〕陳鵬仁主編，劉維開編輯：《中國國民黨黨務發展史料：海外黨務工作》，第 92 頁。

〔註 7〕中國第二歷史檔案館編：《中華民國史檔案資料彙編》第五輯第二編政治（四），第 600～603 頁。

鼓勵僑胞捐輸救國；二、收轉海外捐款；三、宣傳抗建情況防止反動宣傳，工作方式包括出版定期刊物、對僑廣播等；四、指導華僑技術人員回國投效，採用的工作方式爲通告及制定「非常時期海外華僑專門人才調查表」分寄駐外領館及中華商會；五、獎勵僑胞投資開發生產建設事業，僑委會除函令海外各地使領館及僑團廣爲宣傳，還指導僑界領袖組織團體回國考察；六、調查海外救國團體，並讓其立案；七、指導僑民辨別我國出口貨物實行抵制仇貨，爲此僑委會擬定辦法兩項，通令駐外各領館各中華商會參酌「查禁敵貨條例」次第妥辦，並將經濟部相關條文輯成「日商標彙編」及規定「查禁東四省產品名稱表」，分令海外各中華商會妥爲查禁；八、指導僑胞推行節約及儲金運動；九、設法溝通僑匯；十、勸導僑民資金內移；十一、推進戰時僑民教育；十二、救濟失業僑民與保護出國僑民。陳樹人認爲「以上各端，爲抗戰期中僑務之概要。」〔註8〕由上述僑委會的報告中，我們可以看出，僑委會對待海外僑務的工作，往往只是通過發出訓令、通電、通告、檄文等形式進行，而無法具體到場進行，同時由於沒有駐外機構，僑委會除了無法具體執行外，也無法對之監督。對外，黨務系統海外部的加入，似乎是有助於相關僑務政策的具體執行，也有力對之進行監督。1940 年 1～3 月海外部的每周工作報告有如此的一些記錄，頗能說明海外部工作的行徑：1、汪精衛叛逆後，考慮汪氏與海外具有一定淵源的情況，海外部「特制訂宣傳辦法六點，電頒海外各黨部黨報，對汪逆賣國秘密條約擴大宣傳」，促使海外僑社對汪氏的認識。2、針對「敵僞漢奸在海外各地進行之欺騙宣傳」，海外部積極應對，「制訂駁斥及防止辦法通告海外各黨部各黨報注意辦理」，對敵人在海外打起宣傳戰。3、同時海外部利用他們掌握的海外僑社話語權，要求「海外各級黨部及各地黨報，轉勸僑胞勿受華僑協會誘惑，向華北投資。」4、加強海外黨部基層的管理，要求各基層組織「應注意各分部對內對外之活動情形，加以指示監督，如對於黨員之教育與各種會議之召集能否按時舉行，在僑團間活動能否發生領導作用，應隨時檢討，隨時改進」。5、對個別地區派出人員進行實地指揮工作。「康海分部黨員眾多，發展有望，應遴派幹員前往調查眞相，勸勉熱心同志出來負責整理。」6、海外部甚至動用黨權的權威，對破壞僑運的海外僑胞，要求國內行政單位打擊其眷屬。「據南洋荷屬三寶壟福清同鄉會呈

〔註 8〕陳樹人：《抗戰期中的僑務工作》，《現代華僑》第 2 卷第 5 期，第 4～6 頁。陳樹人另一文《非常時期的僑務》（刊於《中央日報》1942 年 1 月 1 日第七版）也有類似的內容。

報，鄭仁孟等破壞救國運動，密報地方當局拘捕抗敵會人員，近復變本加厲，公然反對捐款，請轉函福建省政府查封其家產，以儆奸宄。本部爲慎重處理起見，已令飭駐三寶壟支部詳查具報，以憑核辦。」〔註 9〕這些字裏行間的工作報告其實揭示，海外部由於在海外擁有廣泛的機構，它可以依之對相關僑務政策進行有效執行及監督。此外由於海外部是掌理海外黨務的主管機構，海外部既可以派出人員出赴海外指導工作，且還可以在部分海外地區組建駐外機構，指導工作。「遠至九中全會，本人（即劉維熾）奉命主持海外黨務，除繼續既定計劃外，即欲普遍加緊推進海外黨務，並擬具由近及遠逐步推動的進行方法，故先往香港就地策動港澳方面之工作，然後再往南洋美洲等地督導黨之改進。」〔註 10〕而之前九中全會關於海外黨務有如下之指示：「厲行分區輔導制……而各地之書記長或秘書，中央尤須予以特殊之切實訓練，或由中央遴選適當同志派往各地充任之」。〔註 11〕事實上一直以來，海外僑社都是滲雜著僑務與黨務的現實。如在菲律賓，國民黨坤甸支部各委員之職業如下：指導委員張恢原的職業爲行醫；整理委員常務藍瓊山爲小金鋪老販，整理委員秘書鍾體仁則是私立教會培育學校校長，整理委員庶務葉愷夫是該校的書記，整理委員謝允興是一個中產階級金店老販，整理委員丘子超是販貨水客，整理委員朱登奎爲中華學校教務主任，整理委員郭漢達是小金店老販，整理委員王益求服務於航業商界，整理委員賴炳文是廣裕公司坤甸分局經理。〔註 12〕這就是爲何後來國民黨中央要提出「海外黨務以僑務爲依歸」的現實。而海外部派出機構及人員也自然將指導僑務作爲其工作內容之一。海外部駐越南辦事處於 1940 年 8 月成立，主任爲邢森洲，主要工作爲策動越泰僑胞，聯絡越泰軍民，爲軍事反攻做準備。而在海外部「（印度）總支部尚未改組完成以前，海外部經派出同志在印度指導和聯絡黨務僑務。」〔註 13〕「在海外交通樞紐之緬甸設置臨時辦事處，就近聯絡海外各地黨部，策動黨務、

〔註 9〕中國第二歷史檔案館編：《中華民國史檔案資料彙編》第五輯第二編政治（四），第 610～620 頁。

〔註 10〕劉維熾：《抗戰以來海外工作的回顧與前瞻》，《華僑先鋒》第 5 卷第 7 期，第 62 頁。

〔註 11〕陳鵬仁主編，劉維開編輯：《中國國民黨黨務發展史料：海外黨務工作》，第 330 頁。

〔註 12〕「關於海外黨部、僑校、報社控訴處理」，中國第二歷史檔案館館藏僑務委員會檔案，全宗號二二，案卷號 266。

〔註 13〕陳立人：《現階段的海外黨務》，《華僑先鋒》第 5 卷第 1 期，第 19～20 頁。

僑務及一切戰時工作。」〔註 14〕汪竹一、劉翼淩兩人爲該處正副主任，之前由李樸生輔導。香港失陷後，考慮僑胞多取道緬甸及印度返國，「海外部早鑒及此，曾派了譚永生同志到臘戍，並派楊信榮、陳洪海二同志到仰光分任組織宣傳」〔註 15〕，以協助歸僑的疏散。而中央也「先後撥款一百萬元，在臘戍成立南洋僑胞疏散協助委員會，由海外部在緬工作同志協助。」〔註 16〕「駐緬甸總支部，派出人員參加南洋戰區疏散協助委員會，在曾養甫同志領導下，辦理疏散僑民，保衛地方，徵求國軍翻譯嚮導人員，發動慰勞，及組織青年戰地服務團，前往各師各醫院工作，其後因軍事變化，始奉命撤退。」〔註 17〕而在香港失陷前，駐港澳支部主任陳策於香港危急之際，則率領僑胞協助英軍防衛，隨後又率領人員撤回廣東。此事已爲史界所知。正是在海外部的領導下，海外黨務下屬各基層紛紛投入相關僑務工作上面。「本部業與中國文化服務社總社商訂計劃大綱，先在南洋、新加坡、巴達維亞、菲律賓、安南、緬甸及美國紐約、三藩市、檀香山等重要地點設立文化服務支社或分社，並令各地黨部依照計劃發起組織。各次要地區，如澳洲、南美洲及南非洲等處，亦限於本年內著手籌備完成本黨書刊海外發行網，現馬來亞、菲律賓兩地本黨文化界負責同志亦有以個人名義分別發動籌備進行中國文化服務社總社，並以香港辦事處爲供給海外書刊總站，依照所擬定之優待辦法，給各地分社以種種便利，供給大量書刊。」「據巴東支部呈報僑商鄭世寶售賣廢鐵資敵，本部據報後即函駐巨港領事派員查明核辦，茲據呈覆略稱：「此項廢鐵，係由鄭世寶之業務經理人蔡寶珠售與當地土人，未料及該土人轉售敵方，鄭世寶遠在外埠，對於此事全不知情，此案發生，應由蔡寶珠負完全責任，現蔡寶珠業被店主革退，以示懲戒，本館以該號用人失察，致滋事端，經手人蔡寶珠雖已革退，以仍不足以平公憤，除飭將售鐵所得悉數交出外，並密勸另撥五百盾助賑，該號業已照辦」等由。當將辦理經過，「轉知巴東支部矣。」「特飭駐菲律賓總支部策動僑胞盡力援助查菲律賓華僑對於抵貨運動，推行甚力，旅菲律賓華僑援助抗敵委員會會（原文如此）公佈肅清仇貨登記條例，

〔註 14〕陳鵬仁主編，劉維開編輯：《中國國民黨黨務發展史料：海外黨務工作》，第343。

〔註 15〕李樸生：《在緬工作三月記》，李樸生：《華僑問題導論》，第 181～182 頁。

〔註 16〕中央宣傳部：《民國三十度（年）黨政工作成績》，《中央日報》1942 年 7 月 7 日第七版。

〔註 17〕陳鵬仁主編，劉維開編輯：《中國國民黨黨務發展史料：海外黨務工作》，第330～331 頁。

限於今年五月十五日以前一律肅清，並一再通令僑商，如由上海、香港、廈門等處運到之貨物，應備具各種手續到會登記，又對上海之女梳、廈門之米粉面線，華北之大豆、豆餅及冬粉入口，一律予以禁絕，此種抵貨運動，極得當地菲人同情，當地菲人更發起反侵略運動大會，於七月四日在岷埠舉行全國代表大會，其重要提案為抵制日貨」。〔註18〕抵制劣貨，若由國民黨以身作則推而及於僑界，無疑會收到一個有效的結果的。此外在僑社日常支持祖國活動中，一些行為是具有強制的性質的。「據紐約歸國華僑報稱：該埠各僑胞對捐輸救國極為熱心，並組有抗日救國籌餉總會，分期籌款救國，現已入第二期籌捐，該會定有懲獎辦法，凡有職業之僑胞，每人額捐五十元，如不遵繳者，則處罰二百五十元，至於工界而不遵繳者，則處罰一百元，其他做散工或業偏門者，倘不遵繳，處罰五十元，執行甚嚴厲等語。準此以觀，則該地華僑熱心救國，可見一班（斑）。」「美國必珠卜歸僑司徒賢稱：該埠中華公所對於募款接濟政府極為認眞，訂立募捐簡單，每華僑成丁者，須購公債國幣五十元以上，且定有限期，不認購者，除倍罰購債外，另須捐國幣二十元為救濟費，對於廣東購機公債，亦每人額定認購美金十元云。」「美國芝加高救國籌餉委員會職員方森函稱……該埠僑胞，無論工商各界，一律須將本人工資或商業利益，每月要繳出百（分）之二十於救國籌餉委員會，如查出某人瞞報或以多報少時，即派員勸告，如仍不遵繳，則由芝加高愛國鋤奸團前往執行職務。故凡不履行繳出所得百分之二十者，必遭受毒打云。」〔註19〕這些強制工作若沒有人員在實際中指導操作，其實是難以實現的。其時日本人的情報證實了此點：「（英屬馬來）隨著日本空軍在華中華南上空表現極為活躍時，華僑抗日的決心甚至呈現出動搖的樣子，待黨府的抗日指導員到來，才逐漸組織化，轉化為有計劃的抗日運動。」〔註20〕

處理海外僑務實務工作除了海外部外，還有一個行政系統——駐外使館在運作，「領事實際上成為僑務政策在海外最主要執行者。」〔註21〕1939年駐馬尼剌總領事館向僑委會呈文，彙報其在處理馬尼拉「華僑崇仁醫院辭退院

---

〔註18〕陳鵬仁主編，劉維開編輯：《中國國民黨黨務發展史料：海外黨務工作》，第233、188～190頁。

〔註19〕「江門局調查歸僑在各居留地之事項」，中國第二歷史檔案館館藏僑務委員會檔案，全宗號二二，案卷號504。

〔註20〕楊建成主編：《南洋華僑抗日救國運動始末1937～1945》，第33頁。

〔註21〕陳體強：《中國外交行政》，第184頁。

長與加拿大籍女修士之糾紛」的經過：「本年六月間華僑善舉公所董事會决議將該公所所管理之崇仁醫院院長鄭漢淇辭退（鄭漢淇長該院已二十餘年）。至七月底又將加拿大籍八名女修士限四十八小時辭退（女修道士在院服務已十八年）。因操之過急，致激成鄭漢淇暨女修道士等之反響，兩不相下。職領當邀該董事會董事長吳起順兩次討論調處方式，俾早寧息。據吳氏最後稱事已經董事會通過，無法調停，以是風潮日趨擴大，除雙方競印中文傳單互訐外，復於八月八日在本埠各西報發表對於華僑不利新聞。（查善舉公所英文名爲 Chinese Community 外人誤爲全體華僑之意）略謂岷埠華僑不服從中國政府代表，並謂華僑代表驅逐鄭漢淇之原因。乃係鄭氏親菲之故。同時英國總領事亦到館面詢，……八名女修道士，照原來合同須一年前通知方可辭退。……職領當予解釋，該華僑善舉公所純係華僑之慈善會，專管華僑義山及崇仁醫院，並不代表全體華僑，請勿誤會，一面乘『黨領聯席會談』之際，提出討論，一面職領登西報聲明 Chinese Community 實係爲 Chinese Benevolent Association，並又同時由總支部商會等機構登華報警告善舉公所不得再滋生事端，及向西報發表『華僑領袖機關一向服從國家代表之宣言』，藉以減少各方誤會。現加拿大籍女修道士業已離院。本案亦告一段落。除善舉公所現在組織是否完善及應否設法改良以免將來風潮等問題，擬再與總支部愼密商量外，理合具呈鑒察！」〔註22〕後僑委會的指令：「……查此案該董事會操之過急，致此發生對外影響，殊有未合，惟起因究屬何故，雙方有無其他作用，不無疑問。仰該總領事密查一切，並對於該會妥爲設法改善避免再發生風潮爲要。……」後駐外使館奉命處理。而在「關於僑商被當地檢察官控訴擡高貨價問題」呈文中駐馬尼剌總領事館詳細彙報其中的努力：「本年（1939 年）九月杪迭處怡朗省中華商會及北怡羅戈省華僑益社函電，以僑商多人被當地檢察官控告擡高貨價操縱漁利，請交涉救濟等情。當經職領先行分別電准各該省省長，復稱允盡力維持正誼保護華僑，並於九月二十六日訪晤司法部長山道斯，表示（一）華商不能操縱物價，因華商多營零售，零售價格須隨批發價格而定，而批發價格之漲落泰半係受歐戰影響，（二）菲島目前並無限制漁利之法律，使華商明瞭漁利之意義有所遵循，（三）總領館及商會均極願與當局合作制止漁利行爲，深盼當局能避免增加華商之不便及困難，准面覆允

〔註22〕「僑務管理」，中國第二歷史檔案館館藏僑務委員會檔案，全宗號二二，案卷號 52。

令當地檢察官公平慎重辦理，嗣又於九月三十日函農商部長阿克拿（現兼非常時期統制貨價委員會主席）說明華商立場，並於十月十一日親訪該部長解釋一切，並聲明在政府尚未規定各貨價格以前，不能逐加商人以高價漁利之罪。阿氏表示同意，同時函覆農商部，對我僑商予以公平待遇各在卷。……最近各地控訴僑商漁利情形業已和緩菲政府亦瞭解貨價擡高並非華商操縱，惟為補救計，乃組織非常時期統制貨價委員會，積極進行調查貨價，編製歐戰前及目前貨價比較表，俾便規定各貨平價，同時該委員會亦在研究歐戰時，美國貨價統制委員會所採步驟以資借鏡。事關僑商被誣漁利理合將本案發生經過及交涉情形附呈。……」僑委會對駐馬尼拉的工作無疑是滿意的：「……該總領事辦理此案甚為妥善，殊堪嘉尚。仰即隨時指導僑商，勿牴觸當地法律為妥。此令。附件存。」〔註 23〕其實這裡也揭示一個問題，若沒有實際的駐外機構，業務繁雜的僑務政策實難以有效處理。實際上，由於駐外使館的實際，對待海外僑務，使館一般主要做調查、調解工作而已。代理駐馬尼剌總領事楊光泩給僑委會的函件彙報：「……查菲律賓華僑洪光學校為本埠洪門會人所創辦，今已五六年。……『七七』以前不同情中央政府，抗戰以後，表面上已變態度，集會亦照儀式，而內容尚不得而知。……」駐新加坡總領事館給僑委會呈文：「在回覆有關柔佛士乃埠中正學校及該校主持人的問詢中，答覆『士乃中正公學系一鄉村華僑小學，學生人數三百餘人，董事長黃子松熱心籌賑，但並非聲譽卓著之士，……轄境僑校眾多。』」駐惠靈頓總領事館答呈言：「奉本年七月僑 29 丁字第 3368 號訓令，飭遵前頒表格尅日將管轄區域內之職業教育狀況及僑生肄業當地職業學校情形，切實調查詳細填報勿延等因，奉此，查該項表格，未奉　鈞會檢發到館，無從填報，理合備文呈請。」〔註 24〕泗水領事曹汝銓呈文記：「……查明泗水新生社辦理情形……查該社成立業已兩載，以聯絡感情，交換智識，提倡體育音樂，陶冶身心為宗旨……」「……調查填報管轄區域內之職業教育狀況及僑生肄業當地職業學校情形各等因」，此為駐巴黎總領事袁道童的呈文。「查此間僑民除學生外，全屬青田商販，行蹤靡定，既無眷屬，自乏子弟。……除由本館隨時訓話授

〔註 23〕「僑務管理」，中國第二歷史檔案館館藏僑務委員會檔案，全宗號二二，案卷號 52。

〔註 24〕「答覆關於僑校狀況之詢問」，中國第二歷史檔案館館藏僑務委員會檔案，全宗號二二，案卷號 72。

以駐在國居留營業法律上必要之知識外，殊無固定教育設施」，則爲駐維也納領事館呈文。〔註 25〕1940 年領事張德同是奉命前往坡埠辦理調解該埠中華會館新舊職員移交之糾紛〔註 26〕。針對蔣介石轉來的關於「巴達維亞民會華籍議員簡福輝近攻擊議員潘良義利用地位與荷印政府經濟部勾結謀利。因事涉米廠聯合會，會員遂分擁簡潘，兩派互相攻訐」的情況，僑委會也是讓駐巴達維亞總領事設法去勸告他們和衷合作，以維國譽。〔註 27〕

在實地執行海外僑務政策上，駐外領館除了接受僑委會的訓令指示外，同時也接受其上級機構外交部在這方面的指示。如在太平洋戰爭爆發後，外交部歐洲司第四科隨即於 12 月 9 日致電駐新加坡、馬尼拉、巴達維亞、仰光總領事館，令其協助僑胞疏散至安全地帶，並勸導僑民壯丁參加當地自衛組織或投效當地正式軍隊。〔註 28〕也就是說駐外領館在實施海外僑務內容時，接受多個機構的調派。

## 二、僑務政策的國內運作：以僑務委員會爲核心的公文制度運作

在一篇有關抗戰時期僑委會的回憶文章中有記：「僑務委員會內掛著『僑民管理處』和『僑民教育處』兩塊招牌，但其管理和教育職能的實現僅限於公文往來傳遞。」〔註 29〕這裡無疑點出僑委會實際的僑務政策執行方式：公文制度之運作。行政機關的公文，在政府行政系統運作中是一個重要的工具，是施行行政措施，指導、布置和商洽工作等的重要工具，在國家行政機關和社會管理中的一部分。公文制度隸屬行政管理制度的一部分，屬於上層建築。我國在公文制度運作行政事務方面具有悠久的歷史，以文書爲手段而施政的模式一直是我國封建社會行政業務的主要內容。「漢所以能制九州者，文書之

〔註 25〕「僑民教育」，中國第二歷史檔案館館藏僑務委員會檔案，全宗號二二，案卷號 73。

〔註 26〕「關於坡埠中華會館內部糾紛調查報告及會議記錄」，中國第二歷史檔案館館藏僑務委員會檔案，全宗號二二，案卷號 105。

〔註 27〕「關於各地華僑控訴處理」，中國第二歷史檔案館館藏僑務委員會檔案，全宗號二二，案卷號 277。

〔註 28〕「外交部歐洲司第四科電」，三十年十二月九日，臺北，國史館藏，外交部檔，檔號：0671.30/4010-1 轉李盈慧：《抗日與附日 —— 華僑・國民政府・汪政權》，第 72 頁。

〔註 29〕韓世嘉：《抗戰時期國民政府僑務委員會》，《武漢文史資料》2001 年第 4 期，第 36 頁。

力也。以文書禦天下。」〔註 30〕僑務仍爲海外僑民及其眷屬事務的概括，涵蓋的範圍是比較廣泛的，無論是經濟方面，抑或是文化方面，還是政治方面的事務，都包括在內，也就是說，一個社會有什麼事務存在，僑務就包含之。故有人描繪僑委會仍爲僑民社會的「行政院」。因而在執行僑務政策時，雖有設置部分下屬機構，但面對如此紛繁複雜的事務，它是無法一一具體辦理之。這樣，公文作爲推行政令的一種工具，在行政系統運作上也自然爲僑委會所選擇。

抗戰時期，由於海外僑務工作由海外部主要擔當，從而促使職司僑務主管之職的僑委會工作重心放在國內，無論是在保護歸僑、難僑、僑眷，抑或是處理僑生問題，或者是介紹華僑技術人員工作，還是溝通僑匯、救濟僑眷等僑務工作上，僑委會都在這裡扮演重要角色。在工作過程中，僑委會往往就是通過各種公文類型與相關機構往來處理之。公文制度作爲一個貫穿於官僚制度的行政運作之中的重要手段，它在中國的行政管理史上是歷史悠久的，早在秦漢時期已漸趨於成熟。1927 年 8 月南京國民政府即頒佈公文條例，規定相關的公文文種以之對應行政管理運作的內容。1928 年 11 月，因國家體制的改變，五院制的設立，隨即南京國民政府又公佈了公文程序及其具體用法：「令：公佈法令，任免官吏及有所指揮時用之。訓令：上級機關對於所屬下級機關，有所諭飭或差委時用之。指令：上級機關對於所屬下級機關，因呈請而有所指示時用之。布告：對於公眾宣佈事實或有所勸誡時用之。任命狀：任免官吏時用之。其中又分爲特任官及簡任官任命狀、薦任官任命狀、委任官任命狀三種。呈：五院對於中央政府或各院所組織之機關對於各該院，及其下級機關對於直接上級機關，或人民對於公署，有所陳請時用之。咨：同級機關公文往復時用之。公函：不相隸屬之機關公文往復時用之。批：各機關對於人民陳請事項，分別准駁時用之。」1942 年國民政府對公文制度進行了一些改革，要求「對於不是所屬機關的行文，應函由該機關所屬的主管院轉行，如有直接行文的必要，應以函電行文。五院除行政院外，對各省市政府行文時，應函由行政院轉行，或直接以函電行文。」「公文文種取消咨、任命狀，增加通知、報告，即有：命令、訓令、指令、布告、呈或報告、函、

〔註 30〕〔東漢〕王充：《論衡·別通》，轉卜憲群：《秦漢公文文書與國家行政管理》，《文史知識》1998 年第 8 期，第 20 頁；另外有關我國在秦漢時期是如何利用公文文書進行行政管理的，可參看卜氏一文。

通知、批等八種。」〔註 31〕正是利用這些國民政府規定的公文程序，僑委會在國內積極推行僑務政策的執行。

事實上由於抗戰時期，或者說整個中華民國時期，公文制度缺乏監督檢查制度來完善行政運作的情況，行文對象的不同，利益關係的遠近，工作關係的近疏，執行結果難免也會產生差異的。大致來說，與僑務關係密切的機構處理結果會令人滿意些，而與僑務不是非常關聯的機構，則不知是現實還是推諉，情況稍爲不盡人意。

抗戰前期，南京國民政府爲了削除政府內部存在的諸多弊端，在三十年代曾進行了一場行政改革與行政效率的運動，在這場運動中國民政府相繼對包括行政機構、文書處理等內容進行整改，取得一些成效。〔註 32〕延續這些行政手段，僑委會在戰時積極與各部會、省政府進行溝通，處理相關的僑務問題，行使僑務政策的內容。在處理歸僑「莊銘缺被人誣陷販賣黃金案」中，僑委會致函福建省政府給予協助。後福建省政府回函僑委會告之處理的結果：「貴會三十年（1941 年）七月十三日僑管字三二〇〇號函……查該莊銘缺供收押金類不諱，除收押部份計金鐲弍件，暫予扣留。咨請財政部核示，應俟覆到再行辦理外，其餘金器查係私人舊存，於法尚無牴觸，業經令飭晉江縣政府悉數發還在案」。〔註 33〕而在僑委會函請救濟黃講和時，福建省也給予積極的配合的。在福建省緊急救僑委員會回覆僑委會公函裏言：「貴會三十一年（1942 年）十一月二十五日僑 31 管字第五八七五號公函以準國府文官處函關於歸僑黃講和呈請救濟一案，囑查照就近予以救濟等由，准辦自應照辦，除由本會發給救濟費一千元匯交龍溪縣救僑分會轉發該僑民黃講和且領，並經轉請福建省政府准予援照革命人員救濟成案予以補助外，准函前由，相應復請，查照爲荷。」。〔註 34〕又如在僑委會向福建省政府函有關於「遭匪殺害案懸未決懇予咨請福建省政府迅飭當地主管機關除將在押劫殺匪犯吳萬順等

〔註 31〕李維勇、石巨文：《民國時期的幾次公文改革》，《秘書之友》1992 年第 6 期，第 43 頁。

〔註 32〕有關這方面的情況可參閱傅榮校未刊博士論文《南京國民政府前期（1928～1937 年）行政機制與行政能力研究》（浙江大學，2005 年）第五章「三十年代南京國民政府的行政改革與行政效率運動」。

〔註 33〕「關於各地華僑控訴處理」，中國第二歷史檔案館館藏僑務委員會檔案，全宗號二二，案卷號 277。

〔註 34〕「關於僑一般救濟問題」，中國第二歷史檔案館館藏僑務委員會檔案，全宗號二二，案卷號 295。

按律嚴懲外並通緝在逃餘匪歸案究辦以弭匪氛而慰僑眷」案，福建省政府也是積極給予協助。後晉江縣政府回覆代電：「僑務委員會公鑒荒渝丁字第二二六九號大函奉悉，查吳祥坎被匪劫殺案業經緝獲匪犯杜贊杜崙杜執杜挺四名訊供明確，判處死刑。電奉駐閩綏靖公署核准執行槍決。至吳萬順等經訊無劫殺嫌疑開釋。相應電覆照。」。〔註 35〕這說明擁有眾多僑胞的福建省是比較重視僑務的工作的。因為在國民政府「公文程序條例」中規定，「公函：不相隸屬之機關公文往復時用之。咨：同級機關公文往復時用之。」也就是說，「咨」或「公函」的往來所表示的是他們之間是平行機關，而非上下級機關。作為同為行政院的「第二級主管機關」，相關的組織法往往也只是規定相互之間對於有關事務只有「指示監督之責」而已，並非是「指揮命令」之的要求。「省政府與行政院所屬各部會署，均為行政院之直屬機關，各部會就主管事務，對地方有指示監督之責，各署有指示扶助之責」。〔註 36〕實際上按照僑委會的組織法，僑委會並沒有對省政府有「指示監督權」更不用說是「指揮權」了。「行政院所設的三個委員會，只有振務委員會在其組織法上與各部相同，有對於各省政府『指示監督之責』。其他蒙藏委員會或僑務委員會的組織法對此事均無規定。」若果套用陳之邁點評衛生署及地政兩署的說法，那就應與蒙藏僑務兩委員會的行政對象有關：「他們的行政的對象是特殊的，沒有對一般省政府指示監督的必要。」〔註 37〕事實上同為擁有巨大僑胞的省份——廣東省政府也是在對待僑務事務上給予積極的關照、配合。如在僑委會要廣東省政府協助調查僑眷徐裕欽、徐裕華、徐裕良被誣控為反動份子，為縣政府拘押一案中，粵省政府隨即飭令其下屬縣府處理：「僑務委員會陳委員長勳鑒，本年……號代電敬悉，除飭東莞縣政府查明，依法辦理外，相應電覆查照。」〔註 38〕又如在接到「暹華僑抗敵會常委吳子輝呈請轉函粵省府予以工作以資救濟」時，僑委會即函廣東省政府要求幫助，後豐順縣政府「接到省府命令」，為之謀一職，惜吳氏以「豐順縣新予位置職低俸薄，無法接受」。

〔註 35〕「關於各地華僑控訴處理」，中國第二歷史檔案館館藏僑務委員會檔案，全宗號二二，案卷號 277。

〔註 36〕「中央與地方權責劃分綱要」，中國第二歷史檔案館館藏振濟委員會檔案，全宗號一一六，案卷號 109。

〔註 37〕陳之邁：《中國政府》（第三冊），第 54 頁。

〔註 38〕「關於各地華僑控訴處理」，中國第二歷史檔案館館藏僑務委員會檔案，全宗號二二，案卷號 277。

令僑委會感到不是很自在：「非常時期度支困難，豐順縣政府既肯畀予工作，已屬優待歸僑，自應努力供職，以圖爲國努力」。〔註39〕

但在一部分僑委會與各部會往來的公函中，卻揭示出僑委會在利用公函處理僑務政策的尷尬情況，既多少反映出國民政府部分機構對待僑務的態度，也反映有公文制度在執行政策中的缺陷。

如僑委會在接到南僑機工星華總領隊蔡三如電報稱：「第三批由仰光回國服務之華僑司機在四川龍潭之運川湘處搶運軍糧，被兵工廠仗勢淩辱。昨因上門調戲同仁妻女衝突，被六戰區湛谷處拘捕。祈速設法援救。」爲了保護歸僑以及妥善處理事件，以免影響政府在海外僑社的聲譽，僑委會隨即致函軍政部，要求妥善處理。後軍政部函如此回覆：「……當經飭兵工廠轉據第一工廠呈覆稱：遵即嚴飭本廠龍潭運輸處查明具報去後，茲據該處呈覆稱查本廠炮彈廠小工邱炎之等四名住龍潭紹周街五十三號，因與鄰近住紹周街六十五號之中國運輸公司司機言語誤會，致生口角。該司機等亦蠻不講理，集合數十人各持刀子榔頭錘子向工友等刺擊。內有工友邱炎之一名被傷頭部腰部，傷勢頗重。其餘三名在人叢中逃去，未遭眾毆打。當時滯龍潭工友群情洶洶，憤不可忍戢。據報後，除飭醫務室將受傷工友邱炎之妥爲救治外，並即派沈隊附毓瑩胡分隊長希陶前往鎮壓，以免擴大事端。同時第六戰區辦事處袁處長亦親自到場查明，確係司機行兇，即來本處表示行兇司機完予拘辦，並願負調解全責，且向受傷工友深致慰問。結果該司機等自願賠償法幣伍百元以作受傷工友之醫藥費了結此案。詎料該司機企圖報復誣控本廠工友調戲婦女，啥血噴人殊屬可惡。奉電前因理合將此案之經過實在情形備文呈請鈞長鑒核等情前來理全據情具文呈覆伏祈鑒核等情轉陳前來核屬實情相應函覆，即祈查照爲荷」。〔註40〕這就是軍政部接到僑委會公函後，告訴僑委會它對這件事處理的結果。至於眞相如何，該如何處理，僑委會似乎無能爲力。按僑委會的組織法，在僑委會與各部會的工作關係，它的第四條規定：僑務委員會所議事項，如與各部會有關係時，各部會得派員列席。第九條規定：僑務委員會所掌事項，以不與各部會及駐外使館職權相牴觸者爲限。僑務委

〔註39〕「1938～1940年各地僑民請求介紹工作」，中國第二歷史檔案館館藏僑務委員會檔案，全宗號二二，案卷號194。

〔註40〕「關於各地華僑控訴處理」，中國第二歷史檔案館館藏僑務委員會檔案，全宗號二二，案卷號277。

員會關於主管事項，對於駐外領事得指揮之。在這裡可以看出在與各部會相互往來之中，僑委會是沒有一點權力的！僑委會也似乎明白此點，在力所能及中努力爭取權力。早在抗戰前，僑委會就進行過努力：「爲令行事：案據僑務委員會呈稱：爲呈請通令各機關，如派員出國有關僑務，應先呈請行政院交由本會審查，再行呈覆核准，以一事權事。竊行政事宜，貴能統一，各部處會，職有專司，苟有參差不齊，不但影響國信，且難收指揮統一之效，本會管理僑務。所有關係僑務一切事項，應得預聞，庶對於行政方面。不致發生牴觸。查年來各機關常有派遣人員，分赴海外，而稱爲『專員』『宣慰使』『僑務視察員』種種名目事先既未通知本會，事後亦不知如何結果，其牴觸僑務行政，已屬顯而易見，爲防微杜漸統一事權起見，嗣後各機關如有派員出國，關係僑務，似應先將理由目的，呈請鈞院轉交本會審查同意，再行呈覆鈞院核准，或徑商本會呈核辦理，庶免參差攙越，爲此呈請察核，通令各部會，各省市政府遵照辦理，並祈指令祇遵，等情；到院，查所請係爲統一事權起見，應予照准，除指令並通飭外，合行令仰遵／查照辦理，並轉所屬一體遵照。此令。」抗戰爆發後，雖然情況有變化，行政院加強其在這方面的直接權力，但僑委會也在努力爭取。「各機關團體如巧立名目向海外募捐，雖不派員前往，以書信或託各地僑胞代爲徵募，亦有流弊，應如何酌加限制之處？交僑務委員會核議」。〔註 41〕

其實在國家行政管理動作過程中，各部門的往來公文是具有一定的責任效力的。在一個現代國家管理系統裏，各部門面對來往的公文一般都會認眞處理，否則會受到相關的法律責任，同時往來公文涉及的內容也會得到糾正。在國民政府時期，「各部『就主管事務對於各高級長官之命令或處分，認爲有違背法令或逾越權限者，得提經行政院會議議決後，停止或撤銷之。』由此可見各部是不能直接停止或撤銷各省政府的命令或處分的，而且它們所能請求停止或撤銷的命令也只以『違背法令或逾越權限者』爲限。換言之，各部對於各省政府實無政策指示之可能。」〔註 42〕時人陳之邁雖然評論是部與省政府之間行政運作的問題，其實對於同屬行政院「第二級主管機關」，各部會相互之間的情況也是如此。但我們來看看當時國民政府中央相關會議的情

〔註 41〕「僑務法規及有關文書」，中國第二歷史檔案館館藏振濟委員會檔案，全宗號一一六，案卷號 92。

〔註 42〕陳之邁：《中國政府》第三冊，第 54 頁。

況，以之考察往來公文中不公情況得到糾正的幾率有多大：「當時在中央辦事，還有一點，使人難耐，且影響於工作效率者，即開會之習慣爲是也。我（指程天固）因地位關係，第星期至少有五次至六次之例會，以國防最高委員會、政治委員會、中央黨部執行委員會、行政院各部會、戰時資源委員會、商標委員會、本部例會等等會議；平均每日差不多至少有一次開會，每一次，動輒花二、三個鐘頭的時間。開會而有成績，於事有利，不妨召開；但這等會議多是繁文縟節，少有實際效果，一味浪費時間而已。開會時，無論在酷暑中，或嚴寒中，白費幾個鐘頭，大有令人精神爲之沮喪之處。開會時秩序紛亂，語無倫次者，更比比皆是，令人更感厭悶，不可久耐。……惟細觀各人討論之態度，不無令人嗤笑，或譏誚之處：有起立發言者，先看看主席之面色而後發；有欲向當局表現其演講特長，而有放厥詞者；也有離題萬丈，而志在出風頭者；種種式式的表演，均屬無關宏旨，討論結果，只由主席點點頭便算了局。但到底提案之通過或否決，是基於多數人之同意？抑由主席個人之開謨默運，斷其可否？那就不獨局外人不知，連參加開會之人，也不知了。因其議案之提出，絕少用決定手續而表決之者，這種怪誕無稽之開會情形，只是我國政海中有之，時人所謂『會而不議，議而不決，決而不行』，即指此也。」〔註 43〕如此情形，公文中的不公又如何會得到處理呢？另外在國民政府中，其秉承著孫中山五權分立的思想，設立五院制，以之管理社會。也就是說國民政府在管理社會時存在著監察系統，以之監督政府的行政活動。「監察院爲國民政府最高監察機關」〔註 44〕，可以監督全國大小各機關，依法律行使彈劾權與審計權。但對如何有效使用彈劾職權，監察院行政作風並不是很理想，不能很有效監督政府有效行政。〔註 45〕更何況，抗戰爆發後，隨著蔣介石成爲國民黨的總裁，統領國民黨政府軍、政、黨一切大權，什麼事似乎都需要經過他來處理：「你們不要當著委員長是一個字紙簍，什麼事都拿給我看，你們一點責任都不肯負擔，那不是對待自己的辦法，有失政府設官分職的本意。」〔註 46〕擁有豐富行政經驗的僑委會委員長陳樹人自然明白

〔註 43〕程天固：《程天固回憶錄》（下），第 319～320 頁。

〔註 44〕「國民政府組織法」，中國第二歷史檔案館編：《中華民國史檔案資料彙編》第五輯第一編政治（一），第 25 頁。

〔註 45〕見陳之邁：《中國政府》第二冊，第 247 頁。

〔註 46〕《行政三聯制文告法令輯要》第 16 頁，轉樂嘉慶：《論抗戰時期國民黨政府權力結構的運行》，《學術論壇》，1991 年第 5 期，第 94 頁。

個中的道理。因而面對並非令人滿意的答覆時，僑委會往往只是默默接受。如在「梁啓被控勒索」一案中，雖然在緊急救僑這種大形勢之下，涉及人、歸僑梁氏也向僑委會詳儘其的經過：自備車逃難，曾向「雲南緊急救僑會運送組登記請給油及派僑胞二十人」等，後「救僑會以款油兩缺，遲未予放」。恰好有「僑胞李廣發君因家屬人多」，知道情況後，「請按救僑會規定之油價折給」。還有一些載貨款等。後來「李君……唆使其弟用李仁表名義向西南公路局貴陽管制總站誣告啓有勒索行爲，意圖全部退款。而管制站又昧於事實，不信辯解，故意周內認爲假借名義勒索是事實，將啓扣押。雖經保釋，仍須具結。……」但在西南公路運輸局一紙回覆僑委會「電覆僑民梁啓勒索僑胞鉅款一案請查照由」的函中言：「……查該梁啓國臨時 23435 號車及國滇 3050 號車藉運送僑胞爲名攬載旅客並索取鉅款有據，現正檢同供證，呈報軍事委員會運輸統制局核示中，相應復請查照爲荷。……」〔註 47〕僑委會也就無能爲力了，無法知道事情的眞相會是如何！事情的處理純粹由對方來決定，無法起到眞正保護歸僑的責任。不用說是歸僑，權力的無實權化，即使是自己的工作人員，僑委會在公文制度中運作僑務政策也體現出一種「我已爲之」的心理安慰而已，至於結果，並非是自己能決定的。如在「僑民事業輔導委員會專門委員羅文光陳訴横遭畹町警察局長李志正等毆傷」一案中，僑委會在接到下屬的報告後，因事關僑務的地位及僑務工作的開展，即緊急致函雲南省政府要求處理。後由龍雲任省主席的雲南省政府的回函曰：「貴會僑引渝管字第二八三號函……當令據警務處呈覆稱：『正遵辦間又據畹……』而乃一則以僑務委員會委員資格不甘下求，一則以主權所在，以不肯輕棄，致互相爭執，發生口角者有之。且閱李局長來呈，並未有毆打情事。此案本應飭令龍陵縣長就近詳細查後復以明眞象而便辦理，但現在龍陵畹町均作戰區，且此案已事過境遷，無從查明孰是孰非，擬請從寬免議所呈，是否有當？理合具文覆請鈞長鑒核示遵……」面對雲南省政府的答覆，毫無實力的僑委會也是只好如此答覆下屬——僑民事業輔導委員會，因是上下級之間的用文，僑委會用的是指令公文程序：「……經函准雲南省政府函後，以處警務處呈後，以此案本應飭令龍陵縣長就近詳細查後，以明眞象，而便辦理。但現在龍陵畹町均作戰區，無法查明是非，擬請從寬免議等情。查所呈尚屬實情，除指

---

〔註 47〕「關於各地華僑控訴處理」，中國第二歷史檔案館館藏僑務委員會檔案，全宗號二二，案卷號 277。

令始准照辦外，擬應後請查照等由。……」〔註 48〕尷尬、無可奈何之情躍然紙上！其實這也是自然的，自蔣介石進入國民黨權力核心後，軍事部門也自然隨之成爲國民黨權力運作的核心。如費正清就認爲，在南京國民政府期間，孫中山的「黨－政府－軍隊」的排列秩序，「已被顛倒了過來，軍隊如今成爲首要的組成部份」。〔註 49〕王奇生也認爲，國民黨清黨反共後，國民黨的黨力並未因訓政而強健，黨權也沒有隨黨治而提高，法理上的「以黨治國」，「以黨治軍」演變爲「以軍治國」，「以軍治黨」的局面。〔註 50〕這樣自然突顯出軍事部門在權力運行中更具優勢。雖言由於海外華僑對祖國的物質貢獻頗大，但其主管機關未必更具實權，這也是政治活動的奇妙性。

在抗戰時期，僑務系統在中央是存在僑委會，而在部分地方則存在僑務處局，同時在僑委會裏，也附屬部分處理僑務的機構。這也自然促使在它們之間運作僑務政策時，僑委會使用了訓令、指令的公文程序。

1943 年歸僑陳強書信僑委會：「竊民在美曾習航空數年，經畢業美國羅斯福空軍學校並得該地飛行執照，前抵港時，已向此地交通部註冊備案……抵韶亦已向此地空軍招生委員會將情報告，正候派遣工作，惟人地生疏，寄託無門，而僑匯渺渺，不知何時方可接濟……懇請察核並令飾（飭）廣東僑務處暫予招待以解旅困實爲德便」。後僑委會給廣東僑務處訓令要求該處給予幫助：「據歸僑陳強三十二年三月呈稱：『竊僑……』等情，據此，會行令仰該處就近酌予招待爲要」。而在接到歸僑林金發要求救助時，僑委會即在給廣東處的訓令要求該處救濟：「據旅暹歸僑林金發廿八年十二月三日函呈略稱：『自……請維持救濟』等情。到會，合行抄發原呈並附，令仰該處長就近查明設法救濟或因其技能，介紹工作，交將實情具報爲要。」〔註 51〕在接到香港歸僑陳鴻程、陳傑臣控告「鄭沛霖、黃顏波等在揭重新組織南洋華僑互助社」，以之詐勒歸僑案時，僑委會即訓令汕頭僑務局查清及核辦。〔註 52〕在加

---

〔註 48〕「關於各地華僑控訴處理」，中國第二歷史檔案館館藏僑務委員會檔案，全宗號二二，案卷號 277 。

〔註 49〕費正清：《劍橋中華民國史》（下），中國社會科學出版社，1993 年，第 141 頁。

〔註 50〕王奇生：《黨員、黨權和黨爭：1924 年～1949 年中國國民黨的組織形態》，上海書店出版社，2003 年，第 150 頁。

〔註 51〕「關於歸僑一般救濟問題」，中國第二歷史檔案館館藏僑務委員會檔案，全宗號二二，案卷號 295。

〔註 52〕「關於各地華僑控訴處理」，中國第二歷史檔案館館藏僑務委員會檔案，全宗

僑「黃寄生請救濟案」中，委員長侍從室第三處給僑委會來箋：「委員長交下加僑黃寄生函呈一件爲代表返國出席國民代表大會，現因交通梗阻不克返加，生活困難，乞予接濟等情，相應檢同原件隨函送請貴會查照擬具辦法予以接濟，並希將辦理情形見覆爲荷。」，要求僑委會給予黃氏接濟。僑委會並不是自己處理，而是致函輔委會處理：「准軍事委員會委員長侍從室第三處三十一年九月十四日函，略奉委員長交下加僑黃寄生函呈，爲代表出席國民代表大會，現因交通梗阻，又克返加生活困難乞予接濟等情，相應檢同原函呈送請查照辦理見覆等……令行仰該會徑行電匯救濟費弍仟元交柳州河南鶴下路二巷三十九號黃代表寄生親收爲要。……」〔註53〕

由於「訓令」區別於「函」文的商洽、詢問等性質，是在上級對於所屬下級機關「有所諭飭」時使用的公文文種，它往往是具有一種命令意義。因而在執行政策時，若在一定能力所爲時，僑委會往往就是直接使用訓令方式來執行僑務政策。由於組織法規定，「僑務委員會關於主管事項，對於駐外領事得指揮之。」因而在致駐外領館公文執行僑務政策時，僑委會也是往往主要使用「訓令」公文程序。如在接到軍事委員會委員長侍從室第二處致僑委會函：「徑啓者頃接華盛頓中華救國協會上委員長電爲七月七日該埠僑胞擬與美民混合舉行遊行及群眾大會。擬懇頒賜訓詞等由。未知該會是否合法組織？所請應否予以？轉陳核覆，相應函請查明見覆爲荷。」僑委會不敢怠慢，即給紐約領館訓令：「案准軍……等由，查該會尚未呈報備案。關於所詢各節，本會無案可查，合亟令仰該總領事館迅即查明呈覆，並轉知該會迅即辦理備案手續爲要。此令。附發海外華僑團體備案規程非常時期海外各地救國團體組織暫行辦法暨表冊式樣一份。」同時僑委會也給第二處回函：「……查該會尚未呈報本會備案，關於所詢各節致難詳悉。除令行駐紐約總領事館迅即查明呈覆。俟覆到再行函。」〔註54〕

不僅作爲僑務系統的「行政院」〔註55〕——僑委會中央在運作僑務政策

---

號二二，案卷號277。

〔註53〕「關於各地華僑控訴處理」，中國第二歷史檔案館館藏僑務委員會檔案，全宗號二二，案卷號277。

〔註54〕「關於僑團組織情況等問題的來往文書」，中國第二歷史檔案館館藏僑務委員會檔案，全宗號二二，案卷號221。

〔註55〕莊心在：《僑務問題展望》（刊於《華僑先鋒》第5、6期合刊第8頁）：「談到僑務委員會主管的政務，以其包涵而言，幾不啻是一個以僑胞及其所在地爲對象的行政院。」

時使用公文程序，而且下屬駐地方的僑務處局也常運用公文程序來執行僑務政策。下述為廣東僑務處 1942 年 10 月份工作報告的主要內容，從中我們可以瞭解一二。〔註 56〕

在 1942 年 10 月份裏，廣東僑務處所處理的事務主要包括十個方面。第一類工作是有關救濟僑民僑眷經濟事項方面，包括發出節建儲券保證書、與中國銀行協商處理僑匯領兌問題、發放兌換證明書和致函各救濟機關要求他們發放貧困歸僑救濟費等。而在協同有關機關辦理救僑工作方面，廣東僑務處一方面派員參加相關救濟機構，協助辦理救僑工作；另一方面致函「中振會第七救濟區撥款交河西醫院為治療傷病僑胞經費」；同時向僑委會要求核發救濟備用金，「以便緊急救濟遭難歸僑。」第三類工作範圍是關於輔導僑民事務方面。工作上，除了發放歸僑緩役證明外，廣東僑務處主要是通過發函外交機構、海關、歸僑村、空軍機械學校等，以之來處理僑民的護照、貨物入境、僑民入村以及歸僑投考事務。第四個方面的工作項目是關於保護僑民的，從一定的意義上說，這也是僑務機構主要工作內容之一。在 10 月裏，廣東僑務處分別將 43 名僑童保送入教養院、9 名僑婦送入「婦女工作團收容」、5 名病僑保送入救濟院住院；同時分別致函廣東省政府、恩平縣政府和「挺進隊莫司令」，要求協助處理歸僑、僑眷事務。輔導僑生的事務是歸屬於第五類工作範疇。在這裡，廣東僑務處共發出僑生證明書 703 件、華僑子弟證明書 29 件、關於僑生升學內容的通告 1 則；對志願參加軍校的僑生進行登記；選送 8 名僑生入伍。除此之外，還致函廣東教育廳說明僑生特種救濟金是由教廳負責。久離故土的海外僑胞一旦回到故鄉，對國內一些事務難免不瞭解。地方僑務機構一般也將僑民委託事務當作一項職內工作來處理。在 10 月裏，這部分工作比較少些，僑務處除為部分失業歸僑技工進行工作登記以及致函「各工業機關工廠」，請求盡量安置失業僑工外，還派出職員部分工廠洽商安排僑工事務。第七類工作是「關於指導及管理回國華僑團體事項」，僑務處只做了一件事：「准第七救濟區函請調查南雄中華救護隊組織及服務成績轉函南雄黨政機關查覆案一宗」。而在第八項工作包括：「選送歸僑優秀青年陳雅雲等三名」赴重慶受訓及對來處的香港撤退船塢工人進行登記。第九項工作內容是「關於僑民狀況的調查統計事項」。僑務處的工

〔註 56〕「廣東及汕頭僑務局處工作報告」，中國第二歷史檔案館館藏僑務委員會檔案，全宗號二二，案卷號 501。

作就是函電歸僑接待所和各縣政府調查，調查內容包括歸僑人數和僑眷的生活概況。廣東僑務處的第十類工作內容是「關於行政計劃方面」。僑務處是通過公文制度的方式來運作的：「函救僑會爲籌備恢復歸僑安集所請將前第一招待所公物移交本處接收」，以及函請主管機關劃撥「河西中德中學附近」土地，以便籌辦韶關僑童教養院。

上述內容就是廣東僑務處在 1942 年 10 月裏的工作狀態。在這裡，廣東僑務處除了發放證明、登記工作外，在溝通僑匯、救濟歸僑、保護僑胞、處理僑生工作、處理歸國技術人員等等方面都是主要使用公文來運作的。由此可見公文制度在國內處理僑務事務的重要性。公文制度能夠在僑務政策的執行機構裏大行其道，這也許是與僑務行政機關的工作人員短缺有關。不僅廣東處如此，其他的也是如此。「惟以保障業權繫屬司法範圍，經諭飭該僑自行具狀開平縣法院請求將業權公示保障，並代函知該鄉公所布告制止，並指導其進行辦法，以安僑業。」「業經查明歸僑陳祖庭確與該民權報無相關涉。因據情轉函朱副總司令予以交保釋放。查該陳祖庭已於本月二十一日交保釋出，本案業已解決。」〔註 57〕在「辦理華僑家屬豁免往下派軍穀」過程中，汕頭僑務局也是「據情函請河源縣政府查照辦理」。〔註 58〕

僑委會中央用公文制度來指揮地方僑務處局執行僑務政策，而地方僑務處局由於人手、經費等因素，又採用公文制度來與其他部門協調執行。從而自然對政策執行的效率、效果有所影響，至少在時間方面是有影響的。在這個方面上，僑委會與海外部在運作僑務政策是有所差異的。

當然在力所能及的前提下，僑委會其實也盡力使用實地執行的方式，如在僑校師資培養方面，如在僑校教材編輯方面等，親自親力所爲。下屬僑務處局也偶而實地執行：「每日晨或夜候（因各船渡常於深夜抵達）派遣外勤職員赴各碼頭船渡指導各進出口僑民，但各僑民經職局派員爲之協助及保障均甚滿意，並經調查在三埠口岸進出口之華僑近已無被欺詐訛索之事發生。」〔註 59〕

〔註 57〕「河口海口江門僑務局工作報告」，中國第二歷史檔案館館藏僑務委員會檔案，全宗號二二，案卷號 504。

〔註 58〕「廣東及汕頭僑務局處工作報告」，中國第二歷史檔案館館藏僑務委員會檔案，全宗號二二，案卷號 501。

〔註 59〕「河口海口江門僑務局工作報告」，中國第二歷史檔案館館藏僑務委員會檔案，全宗號二二，案卷號 504。

## 三、三大機構的協調運作試析

在行政學上，有一觀點認爲：在政策過程中「角色」的地位很重要。「『角色』的含義指人們要工作就要有一個明確的工作目標，瞭解你的工作任務如何成爲政論工作的一個組成部分。同時，要賦予一個組織和個人必要的責任、權力與義務以及相應的手段、條件和信息來源去完成這個任務。政府的組織工作的核心是建立一個合理、有效的組織環境，建立一種『角色結構』。」〔註60〕而按民國時期的政治官員、學者陳之邁的觀察，僑委會「他的職掌如何同其他有關機關合作成爲一個相當困難的問題，因爲關於黨務方面他與中央海外部要通力合作，關於與外國交涉事項要由外交部辦理，關於僑民教育事項又要與教育部取得聯繫，關於僑民投資更必須與經濟部商量，關於匯款又要同財政部合作等等。但是僑民的問題的確是一個特別的問題，政府爲特別重視這件事情，故特設一個委員會來辦理此事。政府中每一個部門的行政都不能同別的部門毫無關係，在經常辦事上自然要同時維持緊密的聯繫，這種聯繫是可以在行政院本身得到的。」〔註61〕陳氏之言，道出僑委會實際上是一個重要的協調機構！他的角色就是協調，國民政府設立僑委會的目的就是爲了協調包羅萬千的僑務政策的執行。但不管如何，綜觀歷史，僑委會與海外部的協調、海外部與駐外領館的協調相對而言是不錯的。

「一個政府如何實行『管理』，可能不那麼依賴於對其政策之合法性的抽象接受，而更依賴於對它們的日常接受。」〔註62〕自1927年奠基南京不久，國民政府即確定其以黨治國的政府管理基調，黨在處理國家事務中也自然扮演著重要的角色。抗戰爆發後，國民黨即以一種默認的方式對待僑務政策的執行：海外部主外，僑委會主內，實施一種黨政雙軌二元運作方式。如在接到國民黨駐暹羅總支部執行委員馮燦利控訴一案中，僑委會在馮氏的呈文中，針對相關內容圈出「梁陳包辦選舉」、「侵佔黨費」、「把持黨部　破壞僑運」、「侵佔黨費　詐欺」、「詐欺旅費」、「誘姦人妻」等相關要點，然後認爲「陳寄虛（按：陳仍爲駐暹羅總支部委員）對於國醫館暹羅分館長地位勒索僑界醫利用師每人登記費暹幣六銖，及引誘雲某之妻張玉瓊女士，實行同居

〔註60〕張金馬主編：《公共政策分析：概念・過程・方法》，第5頁。

〔註61〕陳之邁：《中國政府》第二冊，第22頁。

〔註62〕〔英〕安東尼・吉登斯著，胡宗澤、趙力濤譯，王銘銘校：《民族——國家與暴力》，三聯書店，1998年，第373頁。

兩款」隸屬任務範圍，行文要求陳寄虛對此「切實答辯，以憑辦理」，但對於馮氏呈文中有關的「包辦黨部選舉」、「破壞僑運」、「侵佔黨費」、「詐欺旅費」等犯罪行爲，則認爲「繫屬黨務範圍，應向主管黨部告訴」。要求馮氏向海外部投訴。〔註 63〕至於後來馮氏是否向海外部控訴、由海外部處理，由於筆者不見相關的記載，不好言說。在這裡，僑委會表現出一種合作的態度。其實「僑運」一詞在抗戰時期難以界定。如在 1938 年「陳天扶言論案」中，駐馬尼拉領館呈文僑委會，認爲菲律賓勸募救國公債分會主席李清泉所函的關於「本埠國民日報言論紀載，蓄意破壞對於僑界之統一意志救國捐款頗多不利」，「控陳天扶各節，均繫事實」。要求嚴懲。但「究應如何辦理之處」，還是需要國內指示。其後僑委會職員認爲「對各捐款機關出以嫚罵，殊屬有違黨紀」，即致函海外部，認爲「惟細核所錄陳天扶言論，雖有不利於救國捐款，但其罪似不至於通緝。且該案前經行政院秘書處並函中央宣傳部辦理，事關黨員藉報紙破壞捐款，應否予以開除黨籍之處，相應函請貴部核辦見覆。」後海外部回函陳天扶已於前年被停止黨權六個月，認爲「破壞救國捐款，係屬行政範圍，應由貴會徑予核辦」。此案後由僑委會致函駐菲使館適當處理：「惟當此抗戰嚴重時期，急需華僑救國捐款以充軍實，今竟藉報紙以破壞捐款，殊屬有乖國民天職，應仍由該館（指駐馬尼拉使館）加以勸導糾正，促其自新，如不悔改，再行呈請通緝」。〔註 64〕僑委會無爭辯地承辦之的態度，仍爲一種合作、妥協的表現。針對在實際工作中僑委會的態度，海外部也表現出一種合作、協調的姿態，在有關事務方面，謀求與僑委會的合作。1941 年在中央海外部牽頭成立的海外黨務高級幹部會議，出席的委員即包括陳樹人、蕭吉珊、周啓剛、陳慶雲、劉維熾和戴愧生等人。〔註 65〕如處理南僑機工生活習慣問題上，海外部主動向蔣介石請示，由其「與僑委會各派一人，參加華僑回國機工訓練所，擔任機工生活指導，常川駐所，一面對管理人員使用明瞭海外華僑之心理與習慣，研求適應之管理方法，一面對機工曉以抗

〔註 63〕「關於各地華僑控訴處理」，中國第二歷史檔案館館藏僑務委員會檔案，全宗號二二，案卷號 277。

〔註 64〕「關於海外黨部、僑校、報社控訴處理」，中國第二歷史檔案館館藏僑務委員會檔案，全宗號二二，案卷號 266。

〔註 65〕陳雁：《抗日戰爭時期中國外交制度研究》，第 186～187 頁。另陳氏在這裡將陳樹人視爲海外部首腦，值得商榷，陳氏只在 1938 年至 1939 年兼爲海外部部長，其後並沒有任職海外部什麼職務。

戰期間國內物質供給之困難，務須有強度之忍耐，期雙方化除隔閡，消弭誤會，以免華僑技術人才回國服務前途發生不良之影響」，後得到批准：「應准照辦」。隨即海外部與僑委會各派人員「赴昆明擔任機工生活指導。」〔註66〕兩機構在合作上的表現協調、妥協，多多少少與兩者組織結構人員有關。從組織結構來觀察，行政系統的僑委會與黨務系統的中央海外部具有千絲萬縷的關係，給人的感覺似乎就是一套班子，兩個牌子而已。如海外部在剛成立時，即由僑委會委員長陳樹人兼任之。僑委會的副委員長周啓剛則一直任職於處理海外黨務的黨務系統。1935 年海外黨務計劃委員會的主任委員，1938年海外部成立後的副部長，長期在從事海外黨務與僑務方面的工作。僑委會常務委員蕭吉珊，曾爲海外黨務計劃委員會的副主任委員，海外部成立後的副部長，一直被視爲 CC 派成員，與二陳兄弟來往是比較密切的。常在該兩大機構來回任職的人物還有戴愧生（1941 年任職海外部副部長）、鄭占南、詹菊似、李次溫、李樸生、李綺庵、謝作民、崔廣秀、王泉笙、余俊賢等人。廣東僑務處處長周雍能也「兼任國民黨澳門支部常委」之職。此外涉及此兩業務圈的一個人物是值得一提的，吳鐵城。吳氏，廣東人氏，曾奉孫中山之命到檀香山辦過報紙，可謂國民黨元老級人物。因在江西起事時與林森共事，兩人之關係比較密切。且在地域觀念比較濃厚的民國政壇，吳氏雖爲粵籍人氏，但「始終親蔣」。〔註67〕汪精衛叛變不久，吳氏即代替陳樹人的海外部部長之職。〔註68〕1940 年後吳氏被選爲國民黨中央秘書長，海外部部長一職由劉維熾接替。吳氏爲華僑協會的創立人，與海外華僑來往密切，抗戰時期也常代表國民黨中央在節日向海外僑社廣播。由此可想此兩系統的密切關係。這也應了政策是行動的目的的觀點。「政策作爲政府行爲的表現，它是一種有目標的活動過程」。〔註69〕

在海外僑社，海外黨部與駐外領館的關係似乎是不太融洽的。曾幾何

〔註66〕陳鵬仁主編，劉維開編輯：《中國國民黨黨務發展史料：海外黨務工作》，第191 頁。

〔註67〕金以林：《地域觀念與派系衝突——以二三十年代國民黨粵籍領袖爲中心的考察》，《歷史研究》2005 年第 3 期，第 125 頁。

〔註68〕汪精衛叛變後，據言「陳樹人曾將參政會之決議案及中央之密令，令其汽車夫黃來乘飛機送赴河內。其通訊方法，係以兩張草紙貼住，寫很小的字藏在中間，故汪逆在渝活動之負責人，以陳之嫌疑最重。」見唐潤明：《汪精衛出逃後軍統對汪系人物的監視》，《民國春秋》1997 年第 2 期，第 11 頁。

〔註69〕張金馬主編：《公共政策分析：概念・過程・方法》，第 42 頁。

時，海外部在成立不久即批評「海外黨員昧然不察，動輒以『黨權高於一切』、『僑胞應受黨部指導』之驕矜態度施諸僑胞」的態度，要求各基層黨部與當地僑團合作，同時也認爲「海外黨部與駐外使領館能通力合作則大有裨於僑運工作，自不待言，但過去海外各地黨部與使領館能協調合作固多，而意見紛岐，相互磨擦者仍屬不少，此種對立之存在，極足以影響僑胞對黨國之信仰，妨礙僑運之發展，亟待加以調整者」，〔註 70〕而長期從事黨務工作的程天固作爲特派員在調查海外各地僑團或使領館與海外黨部的關係後，也提出他的意見：「我國各埠黨部和僑團與駐外使領館，不時發生磨擦，甚至雙方立於敵對地位」，認爲僑民「與政府機關發生齟齬，還是政府機關應多負其責」，而駐外使領則「本其官僚態度，高高在上似的，不屑與僑民合作，參加抗戰救國工作者，實屬不少」。而「各處之黨分部，其與使領館不協，多係含有政治意味，他們認黨爲至上，政府次之；以爲政府駐外的代表機關，應由黨部指導。由此觀念，便自然而然的發生不少誤會，彼此因爭體面，而互相傾軋了」。〔註 71〕但抗戰期間日常工作中，海外部卻要常與駐外使領館相聯繫。「中央海外部之決定，固有海外黨部支分部爲之推行，但有時亦不得不假手於使領館或要求其協助。例如華僑發行新聞紙雜誌聲請登記須將聲請書及聲請表呈中國使館或領館，會同國民黨該區部支部或直屬支部加具考查表送交僑務委員會，再由該會送中央海外部審核後，會同內政部塡發登記證。又如海外僑民組織團體辦法規定，海外僑民組織團體應具呈當地高級黨部或領館分別函呈僑務委員會核辦，其由領事轉呈時，該領事應先函知當地高級黨部以便參加意見，當地高級黨部如有意見，該領事應並案轉呈僑務委員會。再如非常時期海外各地救國團體組織暫行辦法規定海外救國團體以各該地高級黨部及使領館爲指導及監督機關，其指揮監督權行使之分際，由黨政兩方共同商定之。黨部與使領館不相統屬，但中央黨部偶亦直接知照領館指示行動方針，例如民國二十九年二月二十七日，海外部即曾電致南洋各領館策動各僑團領袖參加回國慰勞團。」〔註 72〕與針對海外黨部與駐外使領館不和的情況，海外部特於 1939 年 1 月擬定《海外黨部使領館聯席會談要旨》，要求

〔註 70〕陳鵬仁主編，劉維開編輯：《中國國民黨黨務發展史料：海外黨務工作》，第 140 頁。

〔註 71〕程天固：《程天固回憶錄》（下），第 407 頁。

〔註 72〕陳體強：《中國外交行政》，第 184～185 頁。

各海外黨部與駐地使領館每月舉行聯席會議，加強各級海外黨部與駐外使領館的聯繫，促進兩者在實地執行僑務政策的協作。「一、聯席會談之性質。甲、黨部使領館雙方有關工作之會（彙）報；乙、黨部使領館雙方意見之交換。二、聯席會談每月舉行一次其結果，按其性質由黨部或使領館分別施行。遇黨部使領館雙方意見不能一致之問題不作結論由雙方分別呈請上級請示。三、聯席會談不設機關、不對行文、不列經費。四、總支部直屬支部全體執行委員會（或特派員籌備委員整理委員）及書記長秘書駐外使領館主管使領及秘書主事以上人員均應出席聯席會談，由常務委員或主管使領輪流為主席，其紀錄由書記長秘書或秘書主事分別擔任。」〔註 73〕同時海外部「並組織戰時工作指導委員會之機構，自舉辦以來，南洋英荷兩屬各地黨部與領館之聯席會談，頗收效果，其餘安南、紐西蘭，南非洲、美洲各地領館同志，則多充任各地黨部委員，故亦能達到黨政合作之功效。」太平洋戰爭發生後，海外部繼續加強與集僑委會、駐外使領館的合作，「即邀請僑務委員會、外交部、軍令部及三民主義青年團等與海外工作有關機關，派出高級人員組織『指導海外戰時工作聯席會議』，每周舉行一次，共同決定海外工作之原則，並通令海外各單位，由黨部、團部、領館及重要僑團、僑領依照指示，成立戰時聯席會議，並指示其範圍即：（一）指導疏散僑民，（二）成立防衛組織或參加義勇隊，（三）辦理救護事宜，（四）加強宣傳工作，（五）舉行官兵及有關戰時工作人員慰勞，（六）募捐，（七）防奸調查，（八）軍事情報，（九）救濟戰地淪陷僑民等項。」〔註 74〕以外海外部還在加快動員使領館工作人員入黨方面進行努力：「查我國駐外使領館之職員，應徵求入黨，本部於六個月徵求新黨員實施法中已經規定，通飭海外各地黨部遵照辦理。迨去年七月間，復抄錄中央秘書處致各省市黨部代電一件，通飭盡量勸導，未經加入本黨之駐外使領館□□入黨各在案。惟查截至去年十二月底止，各黨部所呈送之入黨申請書中，其屬於我國駐外使領館職員者，為數甚少，特規定海外黨部徵求本國駐外使領館人員入黨應注意之事項，及工作進行程序各一種，隨文頒發，作為本年度繼續徵求該項人員入黨之依據。」〔註 75〕這些措施突顯海外

〔註 73〕中國第二歷史檔案館編：《中國國民黨中央執行委員會常務委員會會議錄》（二十四冊），第 380 頁。

〔註 74〕陳鵬仁主編，劉維開編輯：《中國國民黨黨務發展史料：海外黨務工作》，第 333～342 頁。

〔註 75〕「1940 年 1 月中央海外部每周工作報告」，中國第二歷史檔案館編：《中華民

部爲了獲得工作的進展，在政策執行方式上採取了一種相對協調與合作的態度。

## 四、中央與地方：政策執行中的權力博弈，或者兼議僑委會權力的邊緣化

1940 年 4 月 15 日江門僑務局局長趙煒庭在致僑委會的函件裏言：「……接掌江門僑務局局務以來，將屆一載，對於既往工作，均本法令規定辦法，及職局組織章程辦事細則等所擬方案，遵照實施。尤以保障歸僑，暨遣派外勤職員爲歸僑之協助與指導，及防止稅捐關卡不肖員役挑伕歹徒等藉端勒索苛擾情弊。溯自奉職迄今，過去十閱月之工作，均爲督勉員役、從事於愛僑護僑等職務，力求推進。無如連月日敵圖我急亟，致新會縣屬之睦州、三江、龍泉等地先後陷落，歸僑進出航道，迭遭威脅，繼之新會古井那伏等沿厓東岸一帶地區，又被侵進，交通愈形窒塞。詎迄最近之本月五、六、七、八九等日，中山東北各區地域，相繼棄守，尤以該縣交通重要地點之前山、金鐘、婆羅島等地被敵侵據，致使四邑華僑往還路線，處處均受威脅之虞。……現復有廣東省政府粵僑通訊處張主任天爵曾派有調查員陳的長同志前赴由都斛經中山迄澳門一線調查歸僑旅途狀況。據陳同志到局報告，與職局科員陳護寰派赴調查陳報各情，大致尚屬相同，惟聞粵僑通訊處，經陳同志調查經過，所擬護僑計劃，亦認定此線應在沿途設站三四處分站護僑庶歸僑旅途痛苦，得以解除等語。綜上緣由，職以都斛地方，在粵僑通訊處未設站護僑以前，最低限度宜由職局於是處設一分辦事處駐員三名爲實施護僑工作俾歸僑旅途痛苦早獲解除。至增設都斛分辦事處經費每月預算當在壹百九十元，另開辦費五十元之數。理合擬具增設分辦事所工作計劃書暨經費預算表各一份備文陳請鈞鑒是否可行，乞予察奪。至廣東省政府粵僑通訊處，將於粵省西江循臺山中山沿途設站護僑辦事時，職局應如何相互協助進行之處統祈　核示祇遵！」〔註 76〕這封函件揭示了一個情況，就是在抗戰時期，地方政府也針對自己的實際需要，設置處理僑務的機構。

---

國史檔案資料彙編》第五輯第二編政治（四），第 615 頁。

〔註 76〕「僑委會關於所屬各僑務局設置辦事處等機構的訓令指示」，中國第二歷史檔案館館藏僑務委員會檔案，全宗號二二，案卷號 60。以下史料若不另標注者，皆出自該檔。

一般而言，在處理國家事務中，南京國民政府組織的部門化特徵是比較典型的，隸屬於一種「條塊結構」的模式。專業系統部門之間形成一個由中央直下省市的的上下級關係，人員的安排、工資福利、業務範圍等皆由上級部門主管，下級部門據上級的指示來執行。上下級部門的關係是一種垂直領導關係，也就是說日常所說的「條」。如監察、海關、僑務等就是這種關係。而地方各政府之間則是形成一種「塊」關係。相關組織法規定，「省政府依國民政府建國大綱及中央法令，綜理全省政務。」「市直隸於省政府」，「依中國國民黨黨義及中央與省法令綜理全市行政事務。」「縣設縣政府，於省政府指揮監督之下，處理全縣行政，監督地方自治事務。」〔註 77〕也就是依照法規，僑務事務隸屬僑務機構辦理，地方政府只有協助辦理的權力。但趙氏的函件中，說明了在抗戰時期，廣東政府在協助中央辦理僑務工作的同時，也設置一個專理僑務工作的機構。從而促使僑委會下派的機構有些不知所措，「應如何相互協助進行」。〔註 78〕

事實上上述廣東省辦理僑務的機構是在 1939 年即成立的。1939 年 9 月廣東省政府致僑委會的電文：「僑務委員會陳委員長勳鑒，本府為與僑務機關團體及僑民通訊聯繫起見，特設置粵僑通訊處，直隸於本府秘書處，徑訂完『廣東省政府粵僑通訊處組織規程』七條提付本府第九屆委員會第五十九次會議決議『修正通過』，記錄在案。除公布施行並分別電行外，相應抄送原規程請查照希煩分別呈咨備案為荷。」該公函附有廣東省政府粵僑通訊組織規程一份：

第一條　廣東省政府為與僑務機關團體及僑民通訊聯繫起見，特設置粵僑通訊處。

第二條　粵僑通訊處直隸省政府秘書處，專理左列事項：（一）關於僑民團體狀況及僑民生活之調查統計事項。（二）關於歸國僑民投資興辦實業教育之獎勵補助及服務求學遊歷參觀之指導介紹事項。（三）關於本省政務設施地方情況向海外僑民之宣達，僑民

〔註 77〕中國第二歷史檔案館編：《中華民國史檔案資料彙編》第五輯第一編政治（一），第 93、82～83、87 頁。

〔註 78〕注：福建省也有僑務管理機構的設立：至 1939 年 3 月間，「又在秘書處增設一科專辦僑務；本年春更擴大為福建省僑務促進委員會，後來因為中央在本省設立僑務處，該會才予以撤銷，但原有的任務仍由秘書處繼續辦理。」見福建省檔案館編：《福建華僑檔案史料》（下），第 1725 頁。

對國內輿論之搜集及僑民各種咨詢事項。(四)其他關於省政府與海內外僑務機關團體及僑民之通訊聯繫一切事項。

第三條　粵僑通訊處設主任一人副主任一人，均薦任。主任秉承省政府秘書長之命，綜理全處事務，副主任襄助主任辦理處務。

第四條　粵僑通訊處幹事二人至四人委任承主任副主任之命分掌處內各項事務，並得因事務之繁簡酌用僱員若干人。

第五條　粵僑通訊處辦理細則另定之。

第六條　本規程如有未盡事宜得隨時修正之。

第七條　本規程自公佈日施行。

對此僑委會似乎有些無奈，畢竟手中無實權，借助地方政府的實力可以更好執行保僑的僑務政策。權力的邊緣化突顯。這可以從後來僑委會給廣東局指令中看出一二：「……呈悉。查此案已准廣東省政府函達矣。當此非常時期，似又准予。……知照」。該指令是僑委會回函廣東僑務處的彙報的：「爲呈報事案准　廣東省政府二十八年十二月五日秘僑字第九一零五號公函內開：『本府爲與僑務機關團體及僑民通訊聯繫起見，特設置粵僑通訊處。經於本年十一月一日在本府內組織成立。該處爲保護及招待僑民計並設立東江護僑事務所於河源，以省警察總隊副隊長練秉彝兼主任，率警察一中隊沿途護送僑民，以保行旅之安全。又於沙魚涌淡水惠陽河源老隆興寧梅縣等地設僑民招待出入國僑民於同月成立，除通告海外各地僑胞知照外，相應函達貴局，即希查照爲荷。』等由。准此除函覆外，理合呈報鈞會察核敬乞。」這也反映出另一個問題，就是僑委會並沒有盡快向地方僑務處局通報情況，其尷尬度多少有所反映。事實上在 1939 年 10 月僑委會就回電廣東同意，但也要求廣東方面在工作時作些表面的功夫，顧及僑務機構的面子：「廣東省政府李主席勳鑒，微電及附件領悉。貴府謀與僑團僑民通訊聯繫，特設置粵僑通訊處，自屬可行，但應將其工作併入原處內或科內兼辦，對外行文仍以省府名義行之，不必另訂組織規程，或類似獨立之組織，以免與原有之僑務機關組織系統有所牴觸。又其工作應以有地方性質者爲範圍，若與整個僑務問題有關者，似不可徑行處理，以明系統，而免紛歧，特此電覆，即希查照爲荷。」。

但廣東似乎不太滿意中央僑務政策的執行情況，要突顯地方比中央更關懷僑胞，「策本省僑務之進展」，以便更好爭取華僑對祖籍地的支持，對僑鄉的支持。於是在 1940 年 2 月，有將省屬僑務機構擴大化，擴大僑務權力的跡象：「函以本府擬於海外設立粵僑通訊處駐海外分處相應檢同該項組織通則送請查照見覆由：本府爲切實維護僑胞並與海外粵僑通訊聯絡，使內外聲氣相通，藉裨抗建事業起見，爰於去年十月間在本府秘書處內增設粵僑通訊處。關於設置經過情形，前經函請察照在案。該處成立後，即進行調查海外粵僑人數團體組織及其生活狀況，以便在中央保僑政策之下，策本省僑務之進展。第海外粵僑組織鬆散，調查通訊諸感困難。茲擬任海外粵僑，眾多地區指定此項通訊負責人員，並予以本府粵僑通訊處駐海外分處名義以專責成，事關僑務設施，計慮宜求周洽，相應檢同訂定該項組織通則。送請貴會查照，以便取得工作上之連繫，即希見復爲荷」。公函上附有廣東省政府議定的詳細細則：

廣東省政府粵僑通訊處駐海外分處組織通則

一、本府爲謀與海外僑團通訊便利起見，特設粵僑通訊處駐海外分處。

二、駐海外分處定名爲「廣東省政府粵僑通訊處駐某某分處」。

三、駐海外分處暫定在下列各地點置設：（一）美洲方面：三藩市、紐約、雲哥華、檀香山、古巴、墨西哥京城、砵崙、芝加哥、羅省，波士頓。（二）南洋方面：新加坡、巴達維亞、棉蘭、孟加錫、泗水、暹羅盤谷、仰光、岷尼拉、河內、西貢、海防。（三）印度方面：加里格特（四）澳洲方面：雪梨、紐絲侖（五）非洲方面：模里斯。

四、駐海外分處處址，附設中華會館或其他團體機關，以不租用爲原則。

五、駐海外分處設主任一人，主理全處事務，副主任一人，書記一人，襄助主任辦理處務，均由粵僑通訊處簽呈本府派委當地中華會館或中華商會或報社粵籍職員充任，爲義務職。

六、駐海外分處任務如下：（一）經常負責辦理與本府粵僑通訊處通訊事項（通訊辦法另定之）。（二）發給歸國僑胞須要本府護僑警兵保護之證明文件事項。（三）發給粵僑子弟歸省入學之證明文件事項。（四）介紹粵僑之有專門技術者歸省服務事項。（五）鼓勵及介紹僑民返省興辦實業教育事項。（六）宣達本省政務設施，及地方實況事項。（七）征集及轉達僑民對於本省施政意見事項。（八）關於粵僑家屬在國內發生事端，乏人料理，通知本府粵僑通訊處代辦事項。

七、駐海外分處所屬郵資及文具費，由本府酌量補助之，其餘費用俱屬義務性質。

八、駐海外通訊處主任或副主任書記辦理成績優良時，得由本府給予獎狀以資鼓勵。

九、本通則呈准後施行，如有未盡事宜，得隨時修改之。

雖然廣東方面也表示經費方面由粵省負責，不必給中央增加財政負擔。但廣東的建議，無疑是削弱僑委會在廣東僑務的權力的一個重大行爲。面對權力將被一步步削減的危險，雖然有地方勢力的考慮，但主要以粵籍人士構成的僑委會常務會並沒有放鬆僑委會權力的打算。「常會意旨：查各省份多有僑民居留海外，倘各自分設機關，誠恐影響僑民觀感，准函前由，未便贊同。如必要時請就近與廣東僑務處商洽辦理爲盼。」「本會三月三十日第一六七次常會決議案　案由：廣東省政府函：爲擬於海外設立粵僑通訊處駐海外分處檢同組織通則，請查照見覆案（原函及組織通則印附）　決議：函覆粵省府未便贊成設立。」隨即僑委會致函廣東省政府：「貴省政府二十九年二月十五日秘僑第二六七號函開：……等由，准此。查各省份多有僑民居留海外，倘各自分設機關，誠恐影響僑民觀感。查會該省廣東僑務處關於貴府與粵僑聯絡事務，請就近與該處商洽辦理，但可不必另設機關，准函屬由……」。這就是說，若各個省份皆有僑民，各個省份都如廣東省如此，設立相關機關，那僑委會就無事可爲，就不必要存在了。

事實上，僑委會自成立以來，由於業務範圍涉及面太廣，又生存在一個爭權奪利比較嚴重的政治環境下，再加上海外僑社是資源豐富的地方，無論政治資源抑或是物資資源都是如此，從而造成僑務工作面臨一個複雜的局面。「僑務委員會在這種重牆疊架，錯綜複雜情形下成立，要有獨立的職權而不與各部會牴觸，實發生很大的問題。」〔註 79〕早在抗戰前，僑委會就與地方方面發生權力的衝突問題，也一直在協調處理。「僑務委員會近來在各口岸成立了好幾個僑務局，而因爲和地方行政機關的職能似乎還沒有劃分清楚，工作也有不少的困難，例如汕頭是我國最重要的僑民出入口岸，汕頭僑務局成立之後，市政府還保留著從前的僑務股，聲言『本府負有辦理僑務一部份責任』。這一部份的責任是什麼呢？市政府具體地說：1、出國簽發護照及檢疫與查驗放行單，有無苛擾？如何改善？2、星檳新客票價，每被客棧擡高，

〔註 79〕李樸生：《僑務委員會的根本問題》，李樸生著：《華僑問題導論》，第 76 頁。

以舊客票價增重其負擔，應如何統籌兼顧，取締改善。3、僑胞出國，每□人浮於事，流落異鄉，淪爲乞丐……可否聯絡各地華僑團體，調查各處需職人數，限制逾額出洋？或有其他□法可以救濟？4、華僑回國行李檢查，應如何改善？防止走私？5、華僑回國應如何保護，並幫助其舉辦工商實業？」長期從事僑務、海外黨務工作的李樸生認爲：「就前五個問題來說，正是僑務委員會和僑務局要做的一部份工作，這種有益於僑民的工作，本來愈來愈多機關來注意來努力，愈有好成績。」「但通力合作是對的，而職權的分裂，卻要顧慮大家應該有統一的意識，有統一的步驟，不要東一個辦法，西一個辦法，彼此不接頭，甚致有些事僑務局說可以的，（政府）僑務股卻說不可以，那更令老百姓不知何所適從。」李氏同時舉 1936 年 12 月 29 日汕頭《僑聲報》所載的市政府職員「越權扣留出國僑婦」和「黃市長對各僑團通函征集改善僑務意見」爲例，認爲都是「顯見職權的分裂，急須調整的。」〔註 80〕似乎僑委會也意識到這種權力分裂的現象，「主張把（汕頭）市政府僑務股改爲外事股」。對僑委會與地方權力的分化問題，另一個僑務官員莊心在也有其看法：「僑務行政，一邊靠著外交的巧妙運用，一邊還要與內政相密切聯結，例如說華僑回國出國的手續，必待與以最大的便利，僑胞留在祖國的眷屬財產，必待予以盡量的維護，這些便要看僑務行政機關與內政主管機關以及華僑原籍的地方行政機構間關係良好如何了。……像過去僑委會在各口岸所設立的僑務局往往因事權劃分的不清，而和地方行政機構常常發生矛盾磨擦，給予僑胞以種行旅不利以致深印不良的形象，這是大可嗟惜而亟待改善調整的。」〔註 81〕事實上，在行政學上，中央與地方這種運作方式是不妥當的。「在每一部門的行政工作中，各省政府均設有主辦的機構及人員。現在各部會署爲避免請求行政院核准起見，往往直接命令省政府內部的機構……但是這種辦法違反了『分級負責』的根本原則，在行政技術上似乎是不妥當的辦法。」〔註 82〕連垂直行政、雙級管理都如此，何況是存在中央與地方分權的行爲呢？粵僑通訊處事實上是瓜分中央僑務行政權的一個重大舉措，也說明中央與地方存在著嚴重的爭奪資源現象！

---

〔註 80〕李樸生：《僑務行政幾個重要問題》，刊於李樸生著：《華僑問題導論》，第 80～82 頁。

〔註 81〕莊心在：《僑務問題展望》，刊於《華僑先鋒》第 5、6 期合刊，第 9 頁。

〔註 82〕陳之邁：《中國政府》第三冊，第 55 頁。

外國學者格姆堡（Gamble）曾言：「這一理念意味著一個悖論。國家在被弱化的同時又被強化」。〔註 83〕此言用來評價抗戰時期國民黨政府僑務運作狀況頗爲合適。戰時的國民黨僑務政策通過多個機構來運作，既有黨務系統又有行政系統，既有中央直屬僑務機構的下屬單位又有各地方政府設立的僑務部門。當然，各部門的職權範圍有所區分，僑務工作因此得以細化，在通力協作的前提下實現了各部門之間工作內容的互補。關於這一點，海外部的加入體現得最爲明顯。國民黨在海外華僑社會擁有的勢力基礎，有力地彌補了僑委會海外工作能力不足的缺陷。加之，政黨在宣傳、組織、鼓動等方面具備的特殊能力，對凝聚華僑對中國的向心力起到十分重要的作用，而這些優勢是作爲行政系統的僑務委員會無法比擬的。因此我們往往會發現，在如戰爭年代的一些特殊時期，政黨往往在管理、處置問題的實踐中顯示出比行政機構更大的能力。可以說，戰時海外部與僑委會黨政相諧、合作大於衝突，成爲當時僑務工作成績突出的重要原因，體現了國民黨中央和國民政府執政能力良好的一個方面。但另一方面，多頭管理無疑給了「政策常常是一堆不明顯地互相關連、甚至完全不相干的行動的總和」〔註 84〕這個理論在實踐中尋找現形的機會。權利的完善本身就包含了權利制衡的內容，這使得權力內耗成爲無法完全避免的事實和政府工作一個固有的特點，僑務工作的效果在三大機構爲主的多頭管理下自然也受到了影響。但總體上來說，這一時期僑務工作的成績還是主要的。如果從更深層次上來理解這種合作與制衡的現象，則就是一個黨政關係的問題。國民黨加強一黨專政的過程，促使黨務機構在管理國家事務中愈來愈強勢，從而削弱了作爲正常國家行政機關的作用，降低了行政管理的形象和威信。法理上的僑務行政機關——僑委會在抗戰期間的弱勢地位，正是國民政府的行政管理職能受到以黨代政的衝擊在僑務工作上的體現，國民黨政黨職權的無界膨脹成爲其倒臺的一個重要原因。因此，在政黨政治環境之下，如何協調黨政關係、合理配置黨政運作模式來實現有效管理國家的職能，無疑是一個值得沉思和不斷探討的問題。

---

〔註 83〕〔英〕米切爾·黑堯（Michael Hill）著　趙成根譯：《現代國家的政策過程》，第 79 頁。

〔註 84〕〔美〕羅傑·希爾斯曼、勞拉·高克倫、帕特里夏·A·韋茨曼著，曹大鵬譯：《防務與外交決策中的政治——概念模式與官僚政治》，第 95 頁。

# 第七章　績效與評價

在政策學上，政策評價是政策運行過程中的一個環節。「政策評價的對象是政策運行過程中已經出現的結果，其中包括最終結果和階段性結果，具有總結的性質。因爲政策評價依據的是政策執行後已經出現的結果，是依據這個客觀現實對政策的正確與否以及下策的效益和效力作出結論性的判斷，總結經驗教訓。」〔註1〕而政策執行後的效果和反應及其有效性目標的達成也是政策研究、制度研究所關心的重點問題之一。〔註2〕僑務政策是僑務制度的一部分，從某種意義上講，評價某時期僑務政策的得失，無疑也是評價該時期僑務制度的得失。南京國民黨及其政府對僑務是重視的。他們不僅在政府中特設一個僑務委員會來處理華僑事宜，而且抗戰期間在黨內設立海外部來指導、監督、執行、加強僑務工作。這在世界上恐怕都是不多見的。國民政府這種創造性的僑務制度的建立及隨後相關僑務政策的頒佈實施，在積聚華僑財力、物力、人力，強化民族凝聚力等方面產生了巨大的政策效應。

## 一、僑務政策績效的評估

政策的制定往往有其目標，但政策在實施過程中是否按政策制定所設想的那樣來執行，是否能達到預期目標，則是另一個內容。我們可從下面幾個方面來討論國民政府抗戰時期僑務政策的實際績效。

---

〔註 1〕王春福：《試論政策評估和政策評價的區別》，《理論探討》1992 年第 3 期，第 48 頁。

〔註 2〕張金馬主編：《公共政策分析：概念・過程・方法》，第 69 頁。

### （一）動員政策績效

一般而言，政策是代表一定群體利益的。但任何一項政策，都是國家、政府、政黨爲實現其政治目的而制定的行動方案和行爲準則，其體現的制定者目標利益當然是不可忽視的。僑務政策中的動員政策亦應如是觀。抗戰爆發不久，南京國民政府即發表全國動員宣言，要求全體國民有力出力、有錢出錢，全力支持政府抗擊日寇。僑委會及僑務官員也隨後發表檄文、講話，希望海外僑社積極參與各項抗戰活動。南京國民政府此舉的目的顯然是在集聚海外華僑的人力、物力、財力。從執行結果看，應該是南京國民政府動員政策取得了頗佳的績效。1940 年出版的《華僑對祖國的貢獻》，載有長期從事海外工作周雍能所述一文，頗能說明國民政府動員政策的實效：「中日作戰之三年中，海外華僑八百萬人匯回祖國之款共達二十萬萬元，美國華僑曾募足創辦航空學校一所之經費，飛機師四十人，及對戰鬥追逐機有特別智識而生於美國之技師五十人，現在來華途中，若輩並攜有舊金山華僑獻與政府之飛機十架。火奴魯魯與南洋之華僑現亦從事訓練機師與技師，中央軍校廣西分校開幕時，華僑子弟從學者，英屬馬來四十人，菲列濱十五人，法屬越南二十人，緬甸十人，荷屬東印度二十人，香港澳門十五人，泰國華僑參加中國軍役者共四十五人，內有十三人，海外華僑技師汽車司機人與修理專家，自戰事爆發後回國爲國家服務者，數逾三千人。共達四千零五十萬元，計救濟兵災難民六百五十萬人，輔助運輸難民百餘萬人，收養孤兒六十萬人，急賑費約占一千五百萬元，空襲賑費占三百萬元，收養孤兒費亦占三百萬元，職業救濟費占八百萬元，社會救濟費占三百五十萬元。」〔註 3〕當然，海外華僑社會支持祖國抗戰個中原因有民族主義情感因素，但最關鍵的還是國民政府的決策和執行政策在這方面的努力。1937 年冬，僑委會委員長陳樹人即親赴南洋募捐。1940 年主管僑務事務的另一個中樞機構、黨務系統的海外部，也出動包括吳鐵城部長、李樸生處長在內官員出訪南洋，募集到 3000 萬元左右的華僑捐款。1937 年下半年至 1938 年春，擁有僑務委員、海外部官員雙重身份的蕭吉珊赴東南亞一帶推銷救國公債，共推銷數額達 1500 多萬元。此外，還有林疊、戴愧生、林澤臣、駱介子、程天固、陳慶雲、王志遠、朱肇新等黨政僑務官員分赴海外各地從事動員工作。他們的努力都收到了相當好的實

〔註 3〕黃警頑編著：《華僑對祖國的貢獻》，第 2 頁。

效。〔註4〕

對於整個抗戰時期海外究竟對祖國的捐輸多少，因戰時收款單位不一、募捐團體不一，匯款通道不一等等因素，數值難以統計。據時人統計，在抗戰前六年有關海外僑胞捐款數字爲（單位國幣元）：1937 年全年總數爲 16696740；1938 年全年 14672136；1939 年 65368148；1940 年 123804871；1941 年 106540574；1942 年 33653528。〔註5〕而據國民政府財政部統計，華僑在八年抗戰期間的捐獻，以國幣計算大約情況爲 1,322,592,665 元；其中各年度捐獻數額估計如此：1937 年：16,696740 元；1938 年：41,672186 元；1939 年：65,368,147 元；1940 年：123,804,847 元；1941 年：106,481,499 元；1942 年：69,677,147 元；1943 年：102,266,536 元；1944 年：212,374,205 元；1945 年：584,251,321 元。〔註6〕此爲直接以現金捐款的情況。華僑對祖國的貢獻財力還包括公債方面。據研究，整個抗戰期間，國民政府發行 6 期公債，總額達 30 億元。……1937 年至 1939 年華僑認購各種公債爲救國公債 51150346 元，國防公債 6265138 元，金公債 2915880 元又 22924 金鎊；到 1941 年夏，華僑購債總額爲 6.82 億元；至 1942 年，華僑購債總額爲 11 億元。按 1942 年華僑購債額算，占國民政府發行公債總數 1/3 多。〔註7〕

華僑還有在藥品、戰略物資等等方面給予國民政府巨大幫助。《中央日報》在 1937 年 10 月 16 日（3 版）、1937 年 11 月 10 日（3 版）、1940 年 10 月 23 日（2 版）分別以「馬尼剌華僑捐助抗毒血清已寄就美大使收轉」、「暹羅華僑捐衣數萬件、救急藥品二十箱慰勞傷兵救濟難民」、「巴城華僑捐奎寧丸千一百萬粒」爲題報導華僑在捐助物資方面的愛國行爲。據僑委會委員長陳樹人統計，從 1937 年至 1940 年初，華僑爲祖國抗戰捐獻的各種物品總數達 300 批以上，平均每月 100 批左右。如南洋華僑捐獻的各種棉衣就多達 700 餘萬件，夏裝 30 萬套，軍用蚊帳 8 萬床，另有寒衣捐款 400 萬元。〔註8〕華

〔註 4〕如我們大家都知道陳嘉庚等僑領在捐助方面的貢獻，但並非個個僑領開始時都如陳氏的覺悟那麼高，他們之中是經過國民黨方面的努力，始捐助鉅資給國民政府的。馬來亞僑領陳永即是一例。見程天固：《程天固回憶錄》（下），第 344、350～353 頁。

〔註 5〕李樸生：《太平洋戰爭爆發前僑民概況》，載李樸生：《華僑問題導論》，第 33 頁。

〔註 6〕轉蔡仁龍、郭梁主編：《華僑抗日救國史料選輯》，第 18 頁。

〔註 7〕任貴祥：《華僑與中國民族民主革命》，第 351～352 頁。

〔註 8〕任貴祥：《華僑與中國民族民主革命》，第 339 頁。

僑的物資捐獻，從被褥毛毯、冬夏服裝，各類藥品，金銀首飾，到車輛、坦克、飛機，無所不有，甚至還有來自自己身上的血漿！〔註 9〕

在人力方面，大批華僑回國從事飛行員、司機、工程師、醫生、護士、諜報等等技術工作，填補了國民政府在這些領域人才的匱乏。有三千多華僑司機活躍在滇緬線上，有數千華僑活動於東南亞情報戰線，有數百華僑服務於中國空軍〔註 10〕。此外還有的努力，及眾多醫護人員在各個戰場的奔波，也都是海外華僑社會給予祖國在人力方面的支持。據僑委會估計，戰時在國內服務的歸僑機工就達 3913 人。〔註 11〕這些華僑技術人員的作用是巨大的。以南僑機工爲例。1939 年 7 月至 1942 年 7 月三年內，通過滇緬路運入中國的戰略物資總數達 45.2 萬噸，僅 1941 年一年內就達 132193 噸。〔註 12〕而在南僑機工上路前，滇緬路每月運輸量僅爲 1000 噸。

### （二）經濟政策績效

1937 年 10 月 12 日時任大本營第二部副部長兼侍從室第二處副主任周佛海在當日日記裏記載：「中國經濟方面有兩缺點：一爲在外匯資金日減，匯價恐不易維持，須以獎勵華僑匯款、減少輸入、增加輸出以補救之；二爲金融緊縮，農產物無法銷售，農村將形破產，須由政府設法放款及買收以救濟之。」〔註 13〕而海外華僑確實通過匯款回國極大地支持了政府。據統計，抗

---

〔註 9〕在抗戰前幾年，海外僑胞贈送的戰爭物資包括各種飛機 217 架、坦克車 27 輛、救護車 1000 多輛、卡車數百輛、捐獻專治瘧疾的金雞納霜 1 億多粒（足夠 500 多萬人服用）、阿斯匹林藥片 350 萬粒、醫療器材 180 件、高級毛毯 3000 條、毛織品 30 大木箱、膠鞋一大批、大米一萬包等等；菲律賓華僑還捐獻大量防疫漿苗、救傷袋和防毒面具，印度和美國紐約僑胞貢獻來自自己身上的血漿。

〔註 10〕廣東航空大隊從軍官到士兵全部都是由華僑構成。赫赫有名的「飛虎隊」也有不少華僑子弟。檔案記錄說：「查美空軍修護司令部第十四地勤大隊，由美軍部征集華僑編組，其中士兵全係華僑，官佐有三分之一爲華僑。已派中國服務者有飛機修護一中隊二百餘員名，電訊連一百餘名，現已受訓已畢，即待命開撥者七百餘員名，連同已赴華者，約共一千員名。」見航空委員會公函《案據本會駐美機械附員錢昌柞報告》，存中國第二歷史檔案館，轉任貴祥：《華僑與中國民族民主革命》，第 320 頁。而美軍 14 地勤大隊即後來「飛虎隊」的前身。

〔註 11〕僑務委員會編印：《僑務十五》，1947 年，第 11 頁。

〔註 12〕林錫星：《抗日戰爭與緬甸華僑》，載王如鶯編著：《胞波情》（回顧篇）（內部資料），《胞波情》編委會出版，2004 年 8 月，第 165 頁。

〔註 13〕周佛海著，蔡德金編注：《周佛海日記全編》（上冊），中國文聯出版社，2003

戰期間估計海外匯入的外匯數值爲（單位國幣百萬元）1938 年爲 600，1939 年是 1200，1940 年是 1800，1941 年是 244，1942 年爲 862，1943 年是 2400，1944 年是 1482，1945 年一月至八月則爲 286。〔註 14〕時人爲此評論道：「在平時我國財政上所患之『赤字病』，得賴『僑匯劑』以調治之。抗戰以來，其效尤著。」〔註 15〕

如果說捐輸、匯款是增強我國經濟實力，那在海外抵制敵貨則是削弱敵人的經濟力量。華僑開展的抵制日貨運動成績顯著。以南洋爲例，由於華僑抵貨，使日本對南洋的貿易輸出 1938 年比 1937 年減少 38%，輸入減少 30%，貿易總額約減少 39%。再以馬來亞爲例，據當時曾到南洋考察的日人白石源吉稱：中日戰爭前日本每月輸入新加坡的貨物爲叻幣 400 萬元，戰後減至 100 萬元；日郵船會社自新運日貨品由戰前每月 7000 噸降至戰後的 3000 至 4000 噸，輸入新加坡的貨品由每月 8000 噸降至戰後的每月兩三千噸。再據英國倫敦的統計數字，1937 年日本輸入馬來亞貨物價値爲 4048.2 萬元（海峽殖民地貨幣），1938 年降至 1242.6 萬元；日本由馬來亞輸入的棉織品由 1937 年的 750 萬元減至 1938 年的 275 萬元，煤炭輸入減少 1/2，水泥輸入減少 2/3，鋼鐵輸入銳減至 1/10。〔註 16〕這些數字足以說明新馬華僑抵制日貨的成效。

在吸引僑資方面，據林金枝統計，1937 年至 1945 年，華僑投資閩粵滬三省市企業情況爲：投資企業數爲 1271 個，投資金額折合人民幣爲 28011794 元。如果再加上投資西南地區六千多萬元，則共爲九千萬元，平均每年數値爲一千一百萬元。〔註 17〕華僑這些投資行爲在戰爭年代無疑是給予國民政府在經濟上的巨大幫助。

### （三）救僑護僑政策績效

如果說在國民政府在抗戰時期海外方面的僑務政策是以策動、動員海外

---

年，第 81 頁。

〔註 14〕劉佐人：《當前僑匯問題》，廣東省銀行經濟叢書，1946 年，第 2、6 頁。1941 年與 1942 年減少是因海外各地對外匯進行管制及彙路不暢通致成。

〔註 15〕《廣東年鑒》1941 年，見廣東省檔案館編《華僑與僑務史料選編》（一），第 208 頁。

〔註 16〕星洲日報社編：《星洲十年（社會）》，〔臺北〕文海出版社有限公司，1977 年，第 992 頁；及任貴祥：《華僑與中國民族民主革命》，第 389～390 頁。

〔註 17〕林金枝：《近代華僑投資國內企業的幾個問題》，《近代史研究》1980 年第 1 期，第 201、209 頁。

僑胞積極參加抗日救國運動爲中心任務、中心目標，且取得一定的成績。那在國內僑務的工作突顯成效的爲國民政府在處理救僑護僑方面，尤其是在太平洋戰爭發生後，救僑、護僑的政策取得的績效較大。「總計自去年（即 1942 年）五月起至同年八月底止，經該會（雲南緊急救僑會）疏運離昆明而有數字可稽者有二萬零九百二十一人。經各招待所招待並予以救濟者有一萬三千八百七十七人。查此次輸送辦法除對閩僑備有直達閩省之專車外，其餘皆直達金城江爲止。故此次輸運工作尚稱完善。……統計該會自成立以來，截至去年（即 1942 年）底止，一共救僑二萬餘人，開支經費一百八十餘萬元。」而廣西緊急救僑會則在梧州、玉林兩地設立分會，並於桂平、蒼梧、玉林、柳江、金城江、貴縣、南寧、象縣、陸川、南丹等設置執行所，以之救濟歸僑。「經上述各招待所登記接待疏運而有數字可稽者，共計五萬六千三百五十八人。」而五省緊急救僑會成績最顯著者爲廣東省緊急救僑會的成績，它分三期進行。「截至五月三十一日止，計經各縣執行所及駐湄辦事處登記並予救濟者，爲數達七十零六千五百五十七人。惟此後陸續入境人數仍眾，估計有十四萬左右，此爲屬於第一二期救濟範圍之人數，及七月一日起則進入第三期之救濟……計截至七月底經該會登記救濟並資送回籍者亦達七千七百二十五人。」〔註 18〕相對而言，閩黔兩省救濟人數則少些。在抗戰時期國民政府財政困難、物資匱乏的環境之下，這近一百萬難僑、歸僑的護送、引導、遣送、接待、安置、救濟能夠得以完成，說明當其時僑務工作的效率是比較高的。「（行政效率）它是行政機關及其工作人員，在行政活動中所取得的工作結果、社會效益同消耗的人力、物力、財力以及時間的比率。」〔註 19〕這從某種意義也說明在僑務行政中黨政協調運作的有效性。

除了在難僑、歸僑之外，對於僑生方面，國民政府也從各方面給予幫助。據當時的教育部長陳立夫統計，從太平洋戰爭爆發後，到 1942 年底爲止，廣東省方面共救濟僑生人數爲 4925 名，其中 3111 人已經被政府安排入學，其餘則是「返鄉或自謀職業或轉入他省」。而在太平洋戰爭爆發前，廣東省已安排收容 8591 名僑生入學。即抗戰爆發後到 1942 年年底止，廣東省「共計救濟

〔註 18〕劉維熾：《緊急救僑經過》，《華僑先鋒》第五卷第三期，第 10～11 頁。

〔註 19〕謝明編著：《行政透視——細微之處見行政》，機械工業出版社，2002 年，第 327 頁。

收容使之入學」的僑生達 11702 人。廣西方面則收容 515 人。除滇閩桂粵四省外，「各省中之僑生由中央直接予以救濟者爲」2052 人。雲南與福建數據不清。〔註 20〕同時僑委會還與教育部磋商，給予僑生與國內學生同等獎學金的待遇。總之，政府無論是在膳食、衣服方面，抑或是在書籍零用錢方面，國民政府都給予僑生的幫助。抗戰時期，國民政府僑委會與教育部先後開辦了三所華僑中學（國立第一、第二、第三華僑中學），兩所僑民師範學校（國立第一、第二僑民師範學校）和兩所專科學校（國立海疆學校和東方語言專科學校），以之收容安置歸國僑生。據統計 1942 年至 1944 年底，經國民政府收容就讀的歸國僑生達 12000 名，其中 1941 年至 1942 年分發到大學學習的有 1350 人。〔註 21〕

而海外的保僑、護僑工作則主要是在外交機構通過條約、外交交涉方式在進行。在 1945 年 7 月國民參政會第四屆第一次會議上，僑委會的報告提到：「對外交涉則有古巴五十工例、東斐歧視華僑、巴拿馬排華懸案，均商洽外交部在分別進行中。千里達華僑由圭亞那入境已商定手續；洪都拉斯修正移民法取消，對於中國移民之限制，尼加拉瓜修改移民律，允許華人入境，與歐洲人同等待遇。薩爾瓦多已在移民禁例中將中國人除外，並給予簽證，廢止華人登記冊；哥斯達黎加廢止限制華人移民律，予華人入境；澳大利聯邦改善華僑待遇；南非洲聯邦在杜那兩省亞洲人法案中將華人除外；加拿大對中國人及其後裔之遊歷過境與離加辦法予以改善；紐絲綸對暫居滿期之華僑一律展期至一九四五年七月以後，並廢除移民律內有著歧視華人條款；瓜地馬拉規定華僑居留人數爲六五七人，並刪除一切律例所稱中國國民爲不受歡迎份子等字樣，又取消第一八一三及一八二三命令中之對華商開設新店或遷移與擴充營業等限制，仍由我領事館交涉入境問題；菲律賓限制華僑恢復商業須九十天後方能核發執照，又擬驅逐菜市華僑兩案，經商得菲總統同意，在審查期間，仍得營業，並電菲政府將菜市案暫從緩辦，而戰事損失賠償，華僑亦應與當地人民同等待遇；其最堪重視者，厥爲美國廢除排華律，並每年允許一百零五人移美。此外中荷新約、中墨、中秘條約、中美、中英友好

〔註 20〕陳立夫：《一年來僑生之救濟》，《華僑先鋒》第五卷第三期，第 7 頁。

〔註 21〕林蒲田主編：《華僑教育與華文教育概況》廈門大學出版社，1995 年，第 120 頁。另，華僑中學的開辦可謂是華僑教育史上的先河。

通商條約均有關根本保僑，亦繼中美中英新約、中古中巴中多中哥中富中加友好條約之後而在分別商訂之中。」〔註 22〕其中巴拿馬排華懸案，是指 1942 年巴拿馬發生的排華案由於我外交官強硬的態度，排華法案得以暫緩執行。這些條約的簽訂無疑對海外華僑的保護產生一定的作用。如中墨條約的簽訂，「唯一感到興奮者，是當地華僑，蓋中墨舊約，已取消了二、三十年，僑胞無不謂自己是無約僑民，絕無保障，至為危險，今重訂新約，其喜可知。新約中，華僑最稱意者，乃已駐墨有相當年數者，得永遠久居之權，而新客凡能具備二千資金者，便可認為商人，有權來墨，此對於已來墨國華僑，凡有子弟願來墨者，便有機會了。」〔註 23〕

### （四）僑團政策績效

而對於僑團政策，它的最大收穫就是整合之前烏合的僑社，還有國民政府僑團的實施也有助於海外僑社統一領導抗日活動。由於海外華僑來自祖國各地，由於地域、語言、習俗各有不同，過去常發生糾紛，自立堂會，互相傾軋。但隨著統一僑團組織的出現，僑社呈現出一片一種和諧一致，攜手合作的景象。「各地堂會，幸均能深明大義，對一切與抗戰有關的工作，竭誠合作。而過去之糾紛情形，亦逐漸減少。」〔註 24〕均能以民族利益為重，不論是廣東人還是福建人，不論是那一派那一邦，此時都逐漸靠攏，彼此磋商，為祖國抗戰盡自己最大的努力。一些原來彼此對立的僑團為了團結抗日，往往不計舊怨，化干戈為玉帛。在華盛頓各僑團舉行的募捐委員會第一次會議上，「安良堂和協勝堂的主席在解決堂鬥後還是首次碰頭，他倆見面時親熱握手，並衷誠地說今後兩堂要團結抗日。」〔註 25〕而南洋南僑部依頭順尾會的成立更是南洋華僑社會團結的一個表徵。「全南洋華僑代表大會的召開及南僑總會的成立，是『南洋華人抗日運動的新紀元』。南洋華僑衝破幫派地域觀念，共同抗日救國大團結的標誌；它是繼全歐華僑抗聯會成立後，又一個大規模的洲際性華僑抗日救國團體。」〔註 26〕

〔註 22〕「僑務委員會向國民參政會四屆一次大會提出工作報告」，中國第二歷史檔案館館藏行政院檔案，全宗號二，案卷號 6667，微縮號 16J-1331。

〔註 23〕程天固：《程天固回憶錄》（下），第 467 頁。

〔註 24〕陳汝舟：《美國華僑年鑒》，第 363 頁。

〔註 25〕《文史資料選輯》第 6 輯，第 154 頁。轉曾瑞炎：《華僑與抗日戰爭》第 73 頁。

〔註 26〕任貴祥：《華僑與中國民族民主革命》，第 309 頁。

## （五）社會文化政策績效

相對而言南京國民政府是比較重視僑民教育的。據統計爲發展華僑教育國民政府共制定了 40 多部法規〔註 27〕，形成了比較完整的華僑教育法制體系。海外華僑教育的蓬勃發展，改變了民國前華僑教育狀況，使得華僑社會受教育的人數越來越多，提高了華僑的知識水平和文化素質，有利於改善他們自身的經濟狀況和社會地位，同時促使他們更清楚地認識自我與社會。1940 年，僑委會即在新加坡設立職業補習班 25 班；1941 年在其他地方辦理 40 班補習班。而針對抗戰前僑教教材不適應僑居地的情況及僑校師資不足的情況，在抗戰期間，僑委會在徵求意見及調查研究的基礎，編纂了僑校教科書至少 43 門類，科目包括國語、自然、社會、算術、常識等。同時舉行僑民教育函授學校、僑民教育師資班、僑民教育講習班等，以之培養僑校師資。國民政府這些努力不僅對戰時僑教的促進產生一定的影響，更爲戰後海外各地僑校的恢復及發展奠定了基礎。至 1946 年底，海外各地華僑學校總計爲 3438 所，其中亞洲爲 3243 所，美洲 110 所，大洋洲 60 所，歐洲 2 所，非洲 23 所。〔註 28〕

但若從「行政效率的高低主要體現於社會效益」〔註 29〕這個角度來看，國民政府僑教取得最大的成績應是其民族主義情感的培養，就也是其僑教政策的主要目的。「南京國民政府華僑政策的重心在於教育……將教育列爲第一要務，是欲培養認同中國的海外國民。」〔註 30〕抗戰時期海外華僑社會民族主義情緒高漲，僑民文教政策可謂是其一大主因，如王賡武就認爲，南洋地區華人了中國民族主義的認同，是歸功於華文教育的努力，包括當地數以百計華校的建立。〔註 31〕美國學者史金納在《爪哇的中國人》一文中也曾說過：「1900 年爪哇中文學校的普遍設立，爲長久保持較『純粹』的中國文化提供了一種手段。」「在日本人統治下，華僑學校制度繼續存在，到這些學校求學的僑生中國人大大增加。1945～1946 年中，這種制度大爲擴張；1956 年只就

〔註 27〕方建新、傅建輝：《國民政府時期南洋華僑教育的發展狀況及原因》，《中國石油大學勝利學院學報》2006 年第 12 期，第 48 頁。

〔註 28〕僑務委員會編印：《僑務十五年》，第 29 頁。

〔註 29〕謝明編著：《行政透視——細微之處見行政》，第 327 頁。

〔註 30〕李盈慧：《華僑政策與海外民族主義（1912～1949）》，第 633 頁。

〔註 31〕Wang Gungwu, China and the Chinese overseas, Eastern Universityes Press, 2003, p.223.

爪哇的華僑小學來說，大約就有學生十一萬名。」〔註 32〕正是這些民族主義情緒促進僑外華僑社會同祖籍國的凝聚力，增強他們積極支持祖國抗戰的信心，鍛造他們千方百計採用各種方式支持祖國抗戰的動力。他們抗戰時期對祖國的如此所爲，致使後來有學者將該時期歸納在華僑發展史上的愛國華僑時期〔註 33〕，認爲「在海外的華僑與華人，就在這個時期達到了華僑最愛國的時候」。

### （六）為僑務行政事務的法制化組織化協調化等積累經驗

雖然說「在所有的政治秩序中，法的來源是國家，但法並不等於政策。在政治的原動力中，政策優先於法律。只有在公共政策確定以後，法律家才引用政策起草法規並構想出實施它們的一系列行政條例。」〔註 34〕在這裡筆者不想探討政策與法律的關係，但可以說，抗戰時期形成、頒佈的各類僑務法規、法令、條例等對僑務體系的完善卻是起了重大作用的，這些法規條例對於僑務政策運做法制化具有一定的意義。

據筆者統計在 1945 年前，國民政府在僑務方面頒發的法規、法令、條例至少有 55 部，這些法律條文無疑建構直僑務政策法制化的環境。

組織結構方面，除了部分戰時臨時緊急狀態設立的，如輔委會、歸僑村、僑樂村、接待所等，僑委會還在組織結構方面對僑務系統進行，相繼成立了一些專責機構，以之促進僑務行政的進行，促進僑務政策的有力執行。如設立僑教教材編輯室、設立僑教師資訓練班等，加強了海外僑教的發展；而在部分僑鄉成立地方僑務處局，則有力保護當地僑眷與歸僑，同時也對人民出國歸國進行有用的幫助；而設立南洋研究所則是有力推動僑居地的研究，促使政府瞭解相關情況，對僑民的保護產生了一些作用等等。

## 二、僑務政策缺陷的評估

1、公文制度運作政策的模式，在監督體系完善之下，可以是比較有效完

〔註 32〕〔美〕G.W. 史金納（G.William Skinner）：《爪哇的中國人》，《南洋問題資料譯叢》1963 年第二期，第 27～28 頁。

〔註 33〕Wang Gungwu,Nationalist and Confucianism（海外華人的民族主義），（新加坡）吳德耀文化講座，1996 年，第 53 頁。

〔註 34〕〔美〕斯科特・戈登著　應奇、陳麗微、孟軍、李勇譯：《控制國家 —— 西方憲政的歷史》，江蘇人民出版社，2001 年，第 4 頁。

成政策任務的。但若在監督體制出現薄弱環節之下，政策主體就難以監管對方是否有效執行行政內容，從而促使政策主體所能做的工作只是讀讀報告，而無法將工作落實到實處！抗戰時期正是出現這樣的境況。面對軍政部的相關報告，僑委會也只能是閱讀對方回函的內容而已，而無法瞭解事情的眞相，從而也就使保護僑胞在這方面出現空白處。

2、在部分西方文化中，潛意識中認爲腐敗是中國的一個傳統〔註35〕。國民黨腐敗的習慣出現在僑務裏，如昆明僑務處處長張客公身爲僑務處長、僑務委員，居然也存在貪污行爲。「星僑生某君家人由叻匯款國幣伍百元來昆，寄『昆明僑務局』收轉。不料該生因學業他遷，該款寄到昆明僑務局，該局長署名簽收，故意未查找該生領款，以爲該生他遷，此款必無人收，可白食之。不久該生接到叻坡（星州）家信，云寄款五百元由某某銀行匯與『昆明僑務局』收轉，請查收用等語。該生即憑家書到該局查訪此事，初該局長根本不認，後該生赴銀行（中國銀行）查究，此款已有『昆明僑務局』局長張客公署名簽收。若確證，該局長不能諱辯，即支吾其話，交加國幣……與該生，遂無事。後此事爲僑胞及一般市民所閱，認爲若此僑局欺騙僑生大不滿。只風遇水靜，舊事亦不重提。」〔註36〕而回國僑民事業輔導委員會遂溪臨時接待所主任葉淡文則是利用國家給予歸僑的便利，通過勾結其他人，一齊僞造歸僑證，以之兌換港幣，掠奪難僑利益，擾亂國家金融。〔註37〕而在廣西，則是出現梧州冰泉鎮難民收容所「貪污出賣難民證僑民證中飽私囊盲目收容僞僑民僞難民等」情況，部分人通過「買僑民證做僞僑民招搖撞騙，妄受利益」的現象。〔註38〕在發放僑貸中，則是由於委託各鄉長處理，也是產生「冒領中飽」的現象，導致「眞正僑眷，未蒙實惠」的情況。〔註39〕這都說明在僑務行政領域，腐敗現象也是比較多的。

〔註35〕見「歐風吹法」，刊於《南方周末》2001年5月17日第1版。

〔註36〕「總務」，中國第二歷史檔案館館藏僑務委員會檔案，全宗號二二，案卷號8。

〔註37〕「關於各地華僑控訴處理」，中國第二歷史檔案館館藏僑務委員會檔案，全宗號二二，案卷號277。

〔註38〕「僑委會準振濟委員會函爲僑民許連捷報告梧州冰泉鎮難民收容所非法情形」，中國第二歷史檔案館館藏僑務委員會檔案，全宗號二二，案卷號277。

〔註39〕「廣東及汕頭僑務局處工作報告」，中國第二歷史檔案館館藏僑務委員會檔案，全宗號二二，案卷號501。

3、對政策的完善度不夠。如在動員政策中，明知海外僑社出現強迫捐獻、或出現捐獻糾紛的情況，但並沒有進行政策調整，對違反居留地法規的捐輸行爲不行文制止。「美國華僑抗日紛紛制定華僑捐款獎罰條例，凡按期按額交捐者，登報表揚，凡拒而不捐者，除加倍罰款外，並永遠追取。」〔註40〕「1939 年 7 月，(美國) 各埠舉行精神總動員宣誓大會，誓願支持政府抗戰到底，如有抗捐，嚴懲不貸。三藩市義捐救國總會懲戒抗捐者，1937 年 3 人，1939 年 4 人，皆採取遊街示眾。尾崙抗捐者最多，且召警保護，但因全僑合力對付，眾怒難犯，卒願受罰。克里蘭有因懲罰而致訴訟者。紐約亦有懲罰抗捐之舉。到處群情憤激，如火如荼，莫敢頑抗。」〔註 41〕但面對這些擾亂海外華僑社會規則的行爲，僑委會等僑務機構並沒有行文制止，任之發展，不僅使海外華僑的捐款行爲蒙上另一番意義的陰影，而且也說明國民政府在政策評估調整方面出現問題。「政策調整指的是公共政策變動當中最常見的一種形式。」「在公共政策的實施過程中，根據政策評估和監控所反饋的信息對原有政策中不適應政策對象和政策環境變化的部分採取漸進的方式，進行增刪、修正和更新。」「公共政策是動態發展的……隨著新情況、新問題的出現，新的政策需求也會不斷增長，這時就會出現政策滯後的現象，這就要對原有政策進行調整，以適應形勢發展的需要。」也就是由於政策是動態的，在新的環境之下，對政策對於必要的調整才能收到一定的政策後果，否則負面影響會產生。而「政策措施的調整是政策調整當中最常見也最容易實現的一種。」〔註 42〕

另外部分政策沒有徹底考慮海外僑社的實際情況，不進行具體問題具體處理的作風，想當然的推行。如僑團政策中的整合統一方面。「政府對於海外僑情，也有未盡明瞭之處，致有此統一命令之頒發。」如南洋部分地區由不同社會成份組成的救國團體，它們在救國方面「各有各的長處，各有各的努力，各有各的成績，其間當無衝突重複之處，效能上，反因相競而日見增進」，沒有統一的必要。〔註 43〕

〔註 40〕李盈慧：《抗戰時期華僑捐獻與相關紛爭》，載〔臺北〕華僑協會主編：《華僑與抗日戰爭論文集》，〔臺北〕正中書局，1999 年，第 64 頁。

〔註 41〕劉偉森：《美國各埠抗日救國組織及募款分析》，載〔臺北〕華僑協會主編：《華僑與抗日戰爭論文集》，第 487 頁。

〔註 42〕寧騷主編：《公共政策學》，第 456、459、466、460 頁。

〔註 43〕程天固：《程天固回憶錄》(下)，第 326～327 頁。

所謂「用事實說話」——對一個政策進行評價的最好方式莫過於考察其經歷實施後所產生的效果和影響。以上諸多實例和數字都說明，國民政府的僑務政策在整體上基本實現了最初的目標，絕大部分起到的作用和影響也都是積極的，特別是僑委會的公文制度運作非常突出，在僑務工作的規範化、法制化等方面積累了豐富而寶貴的經驗。雖然存在一些不足和缺陷，但瑕不掩瑜，我們依然可以對國民政府的僑務工作和政策作出肯定的評價。

# 結　語

毫無疑問，抗戰的爆發對中國來說是一場事關國家和民族存亡的生死考驗，直接關係到中華民族各集團、各階層的生存和利益，這裡自然包括海外華僑華人社會。因此，考查南京國民政府的抗戰舉措，僑務制度和政策是其中一個重要的內容。國民政府在此方面作了哪些調整？這些調整對海外華僑社會產生了怎樣的影響？如何促進海外華僑社會對抗戰的幫助？這些在制度史、政策學方面又有何借鑒意義？……都是我們研究華僑史、中華民國史所需要瞭解的內容。

經過研究，本人認爲，抗戰時期南京國民政府在僑務機構、人員、政策、執行、操作等各個層面都進行了適應性調整，這使得抗戰時期僑務運行出現了許多新特點。

1、機構層面：爲了集中所有的資源抗擊日寇，國民政府對包括政治、經濟、外交等在內的眾多政策、制度作出了相應的調整。1938 年在武漢召開的國民黨臨時代表大會上，國民黨決定恢復海外部，以之管轄海外華僑社會黨務工作及僑運工作。國民政府開始了黨務、行政兩大系統共同處理僑務工作的時代，形成了黨政雙軌的政策執行系統，這裡兩大系統的中樞機構分別是：負責海外僑務爲主的海外部和負責國內僑務爲主的僑委會。毫無疑問，海外部的加入，對國民政府僑務政策的執行具有巨大的幫助作用。在以黨統政的政治體制下，政黨無論是在經費、組織、人員還是在控制和影響等方面，都是社會上最爲強大的力量主體。本文揭示事實證明，在海外事務方面海外部的作用甚大。由於種種原因，法理上的僑務行政主管機構——僑委會在抗戰期間，並無駐外機構，這對僑務工作的推展無疑有負面的影響。雖然按照相關法規，僑委會有權指揮駐外領事館或委託駐外大使館處理僑務，但畢竟駐外使領館隸屬於外交系統，上級主管官署是外交部。二者不在一個行政系統上，易造成政令執行不暢，一旦駐外使領館對僑務責任心不強、態度懈怠，工作效果便大打折扣。所幸，國民黨從海外起家，組織網絡遍佈全球，幾乎涵蓋所有海外華僑社會，且大部分國民黨海外支分部皆為當地華僑社會極有影響力的團體，甚至就是由當地勢力較大的社團演化而來的。故黨務系統海外部的加入直接從體制內部增加了政策執行的力度，彌補了國民政府沒有外僑機構的缺陷。

海外部首先在人員方面給予僑務政策執行隊伍的壯大。作為海外黨部的直接主管機構，海外部有權直接調配海外黨員招待國民黨的政策，他們甚至可以以黨紀來迫使海外黨員執行政府的僑務政策。如果從行政統一的角度來看：「行政的目的在於執行，行政是促進觀念形態的決策方案向現實行動轉化的政府活動。這種活動非常重要，沒有行政，所有的決策都將是一紙空文。」〔註1〕那麼，黨務系統的海外部的加入行政政策的執行，無疑體現了政策具有目的性的特徵〔註2〕。而海外部加入海外僑務工作的範圍，也彌補了政策時滯性的缺陷。國民黨海外機構分佈全球，海外部作為其主管機構能及時接到基層組織上報的各類僑務情報，且作為黨務機構，海外部申請在海外設立駐外機構，更容易獲得國民黨權力核心的許可。從而對政策執行過程中產生的一些問題更容易把握，大大地縮短政策調整的時間，作出更適應環境變化的應對。太平洋戰事爆發前夕，在緬甸臘戍成立由海外部參與的南洋戰區僑民疏散協助委員會全力救助難僑即是一例。

海外部加入海外僑務工作的內容，也是在僑務行政經費方面給予有力支持。華文報刊一直是國民黨打擊異黨，控制海外華僑社會最好的工具。海外部作為黨務系統，比行政系統的僑委會更容易獲得經費支持海外華文報刊。這也就是為何國民黨權力核心層將獎勵海外新聞機構的權力賦予海外部執掌原因之一。

---

〔註1〕張金馬主編：《公共政策分析：概念・過程・方法》，第3頁。

〔註2〕弗里德里奇認為政策是「在某一特定的環境下，個人、團體或政府有計劃的活動過程，提出政策的用意就是利用時機，克服障礙，以實現某個既定的目標，或達到某一既定的目的」。這個定義強調了政策的目的性和過程性。見《MPA必讀核心課程》編寫組編：《公共政策分析》，鄭州大學出版社，2004年，第2頁。

從一定意義上講，1949 年後，國民黨能在海外僑社擁有強大的控制力，是與抗戰時期海外部作爲海外僑務中樞角色參加僑務工作有著密切的關係。

不過，任何事物都具有正反兩面。僑務工作的確由於海外部的加入而得到了有力的保障，可海外部的加入也在日常事務中不知不覺地削弱了僑務委員會的行政威信，導致黨權對國家行政事務的滲透加深，僑委會權力邊緣化，行政事務黨政不分。這種黨政合一、甚至黨居於政之上的行政管理模式，在強化國民黨威權的同時，也弱化了國民政府的權威，促進了政治不穩定因素的出現。從現代行政管理學的角度來看，由於政黨與政府的組織程序不同，由小部分人構成的政黨過多干預國家行政事務，自然加大了權力專制化的趨勢。而由人民選舉產生的政府自然在管理社會事務中處於無權狀態，政府虛無化的趨向逐漸產生，管理社會民主化的理想實難以實現。毛澤東對此早已洞察：「黨在群眾中有極大的權威，政府的權威卻差得多。這是由於許多事情爲圖省便，黨在那裡直接做了，把政府機關擱置一邊。」「以後黨要執行領導政府的任務。黨的主張辦法，除了宣傳外，執行的時候必須通過政府的組織。」〔註 3〕鄧小平也對國民黨完全「以黨代政」的行政模式提出嚴厲的批評：「『以黨治國』的國民黨遺毒，是麻醉黨、腐化黨、破壞黨，使黨脫離群眾的最有效的辦法。我們反對國民黨以黨治國的一黨專政，我們尤其要反對國民黨的遺毒傳播到我們黨內來。」〔註 4〕從某種意義上講，正是海外部在海外華僑事務上事無鉅細的處理，致使法理上的僑務行政主管機構 —— 僑委會更多地成爲一種文化和行政意義上的象徵，或者說僑委會在其象徵方面的意義比其對海外僑民所做的實務更大。

另外，由於隸屬黨務系統，將政黨意識帶到海外華僑社會自然是海外部參與僑務行爲時的一大特徵。在處理海外僑務工作中，國民黨有意無意地將國共兩黨政治上的鬥爭貫徹到工作中，在已經走向大團結的僑社中人爲地挑起黨派糾紛，製造矛盾；海外部通過拉攏打擊甚至迫害傾向中共的僑領及一般華僑，以之竭力阻撓和破壞華僑對中共及其領導的軍隊的援助，甚至不准華僑報刊報導中共抗戰的情況，將那些援助中共及其領導的抗日根據地的華僑列爲有「嚴重問題」而「注意防範」。〔註 5〕這不僅給當時海外華僑支持祖

〔註 3〕「井岡山的鬥爭」，《毛澤東選集》第一卷，人民出版社，1991 年，第 73 頁。
〔註 4〕《鄧小平選集》第一卷，人民出版社，1994 年，第 12 頁。
〔註 5〕抗戰發生後相關的海外部工作報告記有海外部在海外打壓中共海外工作的報

國抗戰帶來一定的影響，而且對此後的華僑社會也產生了非常深遠的影響。

2、人員層面：在對抗戰時期僑務政策的研究中，給筆者留下深刻印象的便是人員調配的情況。在這一方面，僑務系統的兩大中樞機構驚人的一致，無論是黨務系統的海外部還是行政系統的僑委會，其主要領導者，包括絕大部分官員，都是具有海外工作經驗者，或者是長期於海外主持黨務工作，或者是從海外歸僑。陳樹人、周啓剛、蕭吉珊、戴愧生、吳鐵城、劉維熾、余俊賢、李樸生、李綺庵、周雍能、謝作民、林疊、周尙、駱介子、陳立人、劉翼淩等等，他們都在海外地區工作生活過，具有豐富的海外經歷，特別是對僑民的困苦及遭遇有深刻體會，這不僅使他們成爲從事僑務工作最合適的人選，也使他們對僑務工作有著不同別人的熱情和執著，很多僑務官員都強調過僑務工作之重要。周啓剛曾說：「（閩粵）兩省人民受經濟的壓迫，不能不向海外另找立身之地」；「華僑在海外常以其卓絕的精神，堅強的毅力，耐勞忍苦的特性，來與天然界奮鬥，開闢荒野，經營事業，繁榮地方」；「現在華僑中所居留各地，往往受各種成立或不成立的苛例來束縛，這是人類中最難堪的事情。」〔註6〕曾任墨西哥公使的程天固回憶少年時的經歷，也許更能道出僑務官員爲何要堅持政府實施僑務行政的原因：「（星加坡上岸前）不論男女老幼，皆要脫光衣裳，排隊在艙面上，由英人用棍亂撥各人陰部，被認爲無疾病者，方准上岸。總之，當時受辱難堪之處，不是三言兩語可以形容，更非筆墨所能描寫的。……我在船旁眼見這群九死一生的同胞轉輪飄去，心裏實在難過，不覺淚下……假如在國內有一線生機，豈不是『在家千日好』嗎？當不致有這麼多的同胞拋離家國，遠渡重洋，犧牲性命而來博取生計吧。」〔註7〕可以肯定，個人經歷對其工作態度、工作責任感存在巨大影響。就拿僑委會來說，雖然其權力被日益邊緣化，但各官員仍勤勤懇懇地進行本職工作，包括協助僑民出入國、護送歸僑、幫助僑民報關、報稅、接待僑民、幫助僑民介紹工作、協助僑生上學，甚至幫助僑民與僑眷書寫、郵寄書信等。這至少使我們看到了一個有所爲的政府部門。我想，行政部門的「有作爲」是政府工作中最應被看重的內容。

---

告。見陳鵬仁主編，劉維開編輯：《中國國民黨黨務發展史料：海外黨務工作》一書。

〔註6〕周啓剛：《華僑問題與僑務行政》，周啓剛：《海外問題言論選輯》（第一集），第2、7、13頁。

〔註7〕程天固：《程天固回憶錄》（下），第15～16頁。

3、政策層面：抗戰爆發後，國民政府爲集全民族之力抗戰，迅速制定動員政策，擁有豐富財力、物力、人力的海外華僑社會自然成爲國民政府關注的對象，因此，戰時僑務系統啓動後，首先出臺的就是針對海外華僑的動員政策。而此政策一出，便迅速成爲包括僑委會在內的僑務機構的首要工作對象。爲了有效地在海外華僑社會實施動員政策，兩大中樞機構紛紛派出高層人員到海外僑社進行募捐。當然，發表檄文、條文、講話也是此時他們的工作內容。值得關注的是，國民黨中央高層及政府大員也紛紛向海外華僑社會發出動員活動，要求海外華僑有錢出錢，有力出力，全面支持政府抗戰。動員政策在抗戰前是沒有的，它是環境發生變化後國民政府在僑務工作內容的一個重大調整。這個調整也使國民政府收到了很好的政策效果，海外華僑的捐輸是國民政府獲得抗戰勝利的一大主因。除此之外，國民政府在僑教政策及經濟政策上也進行了相關內容的調整。在僑教政策上，加大僑校師資的培訓，促進僑校師資力量的增長。同時編纂了僑校教科書，充實完善海外僑校的教育，有力促進中國民族主義的增殖。而在經濟政策方面，大力溝通僑匯的彙路，以此促進國內外彙儲奮量的增加，爲穩定我國金融市場作出了貢獻。同時，在海外進行的敵貨抵制運動也給日本經濟上的打擊，一定程度上削弱了日本的經濟支撐。國民政府在戰時的這些僑務政策調整，明顯收到一定的效果，說明國民政府對戰時僑務工作的認識和把握是比較準確的，僑務機構對政策的執行也是比較得力和有效的，對此應給予積極的評價。

4、操作層面：在僑務政策的運作與執行中，國民政府主要採取公文制度與實地執行兩種方式。

在行政政策的執行過程中，公文制度的運作模式是經常採用的方式，同時也是必須的。但是，公文制度主要靠上級向下級傳達政令，由下級部門具體實施執行，其間存在一個銜接的問題。如果這種銜接出了問題，比如特殊原因使政令傳達有誤，或者下級對政令產生深淺不同甚至完全忽視或錯誤的理解，比如流於一種閱讀報告、走過場的形式，那麼公文制度就達不到預期效果。所以，一般情況下公文制度的運作還需要一個完善的監督體制相配合，不過這樣又增加了一個系統，也多了一個影響政策執行的因素，而且一旦監督體制出現薄弱環節，行政效果也同樣得不到保障。從某種意義上來說，軍政部對待來自僑委會的公文公函就是類似的情況，保護僑胞的政策無疑成爲了一紙空文而已。相對來說，實地執行具有使政策得以有效執行的優勢，但實地實行同時也面對經費、人力消耗比較大的問題。如何調適公文制度與實地執行之間的關係，是值得行政管理者和研究者深思的問題。

總之，抗戰期間，國民政府對僑務工作還是比較重視的，無論是機構設置、政策法規，還是運作實施，抗戰時期的國民政府有著相對完善的一整套僑務制度，使得其當時的僑務工作得以順利推展，對抗戰的勝利起到了非常積極的作用，其維繫華僑華人社會的眾多經驗也是我們今天足可資鑒的內容。

# 附錄一　部分僑務法規

## 僑務委員會組織法〔註1〕

（1931年12月7日國民政府公佈、1932年8月13日第一次修正公佈、1936年11月5日第二次修正公佈）

第一條　僑務委員會隸屬於國民政府行政院，掌理本國僑民之移殖保育等事務。

第二條　僑務委員會設委員長一人特任。副委員長一人，委員若干人，簡任。並於委員中指定常務委員七人至九人。前項委員，除常務委員支俸外，其餘委員在京供職者，得支公費。

第三條　僑務委員會大會，每年或二年開會一次，常務會議，每星期至少開會一次，其議決事件，由委員長執行之，委員長因事故不能執行職務時，以副委員長代理之。

第四條　僑務委員會所議事項，如與各部會有關係時，各部會得派員列席。

第五條　僑務委員會設左列各處　一、秘書處。　二、僑務管理處。　三、僑民教育處。

第六條　秘書處之職掌如左：一、關於文書之撰擬，翻譯，收發，及保管事項。二、關於典守印信事項。三、關於庶務事項。四、其他不屬於各處之事項。

---

〔註1〕「僑務法規及有關文書」，中國第二歷史檔案館館藏振濟委員會檔案，全宗號一一六，案卷號92。

第七條　僑務管理處之職掌如左：一、關於僑民狀況之調查事項。二、關於僑民移殖之指導及監督事項。三、關於僑民糾紛之處理事項。四、關於僑民團體之管理事項。五、關於回國僑民投資興辦實業及遊歷參觀等之指導或介紹事項。六、關於僑民之獎勵或補助事項。

第八條　僑民教育處之職掌如左：一、關於僑民教育之指導監督及調查事項。二、關於僑民回國求學之指導事項。三、關於僑民教育經費之補助事項。四、關於文化之宣傳事項。

第九條　僑務委員會所掌事項，以不與各部會及駐外使館職權相牴觸者爲限。僑務委員會關於主管事項，對於駐外領事得指揮之。

第十條　僑務委員會設處長三人，簡任。科長六人，薦任。科員十二人至二十人，委任。僑務委員會設會計員一人，統計員一人，辦理歲計，會計，統計事項，受僑務委員會委員長之指揮監督，並依國民政府主計處組織法之規定直接對主計處負責。會計室及統計室需用佐理人員名額由僑務委員會及主計處就本法所定委任人員及僱員名額中會同決定之。

第十一條　僑務委員會因事務上之必要，得派僑務委員，或視察員。

第十二條　僑務委員會得設名譽顧問，由委員會聘任之。

第十三條　僑務委員會因繕寫文件，及其他事務得酌用雇員。

第十四條　僑務委員會會議規則及處務規程，由僑務委員會定之。

第十五條　本法自公佈日施行。

## 僑務委員會駐各口岸任務局辦事處通則〔註 2〕

（1937 年 2 月 27 日）

第一條　本通則依照駐各口岸僑務局章程之職掌及第八條之規定訂定之。

第二條　駐各口岸僑務局事務除法令別有規定外悉依本通則辦理之。

第三條　局長承僑務委員會之命督率所屬各職員處理本局事務。

第四條　駐各口岸僑務局分設總務指導兩科每科置主任一人承局長之命指揮所屬職員掌理科務。

第五條　總務科職掌事務如左：一、處理文書撰擬稿件翻譯文電典守印信收

〔註 2〕「總務」，中國第二歷史檔案館館藏僑務委員會檔案，全宗號二二，案卷號 7。

發繕校保管檔案事項。二、編造預算決算事項。三、現金之出納保管及會計庶務事項。四、其他不屬於指導科事項。

第六條　指導科職掌事務如左：一、關於僑民出國之獎進或取締事項。二、關於防範僑民被騙及不合法之私招勞工出國事項。三、關於解答出入國僑民之咨詢及指導事項。四、關於僑民出入口之檢驗登記調查統計事項。五、關於指導僑民報關納稅及僑民委託代辦事項。六、關於僑民出入口時之協助保護及防止舟車關卡之窒礙事項。七、關於僑民歸國遊歷考察實業之指導事項。八、關於華僑子弟回國升學之指導事項。九、關於失業歸僑之救濟事項。

第七條　各口岸僑務局處理事務以該管口岸之與僑民出入國有關者爲限。如遇有職責上不能處理之事項呈請僑務委員會核示辦理。

第八條　駐各口岸僑務局辦公時間每日定爲八小時，各職員除星期日及例假日外應按照規定時間簽到服務，不得遲到早退。如遇要公得臨時延長之。

第九條　駐各口岸僑務局收入文件由收發員摘由編號登記送呈局長批閱後分發各主管科辦理。

第十條　各科承辦重要文件應簽呈局長核示然後敘稿。

第十一條　各科經辦重要案件由承辦員擬妥文稿後即送該科主任核轉局長判行。

第十二條　局長判行之檔經繕寫校對用印後即送收發員編號登記發出並將原稿歸檔。

第十三條　各科移送檔或呈局長核閱時應連同送文簿由受件人蓋章簽收，以明責任。

第十四條　各科因事務之需要得互調人員協同辦理。

第十五條　各職員請假須申明事由填寫請假單送由主管科轉呈局長核准始得離職。

第十六條　各科職員應將每日工作填表報告科主查閱統計，每星期彙呈局長核閱。

第十七條　駐各口岸僑務局須將每日經辦事項及成績統計編成工作報告送呈僑務委員會　備查。

本通則則僑務委員會常務委員會議通過經委員長核准施行。

## 緊急時期護僑指導綱要〔註3〕

（1941年1月3日）

一、僑民寄居地域如遇緊急時期對於其安全及財產之保護由駐使或領事依照本綱要之規定辦理之。

二、凡遇緊急時期僑民與留居現地之必要或自願回國者，應由駐在各該地使領館充分予以協助及便利，並由主管機構於國內指派專員負責照料。

三、回國僑民事業之經營及發展由政府設立專管機關扶助指導之。

四、回國僑民中之技術員工經登記後分由有關機關任用。

五、回國僑民子女之就學由教育部於國內各公私學校妥籌安置。

六、凡確因事業之關係不能回國者，應由駐使或領事酌量情形與當地政府洽商移居地點並妥定辦法於必要時施行之。

七、凡僑民移居時其無法移動之資產應向本國使領館登記，由政府統籌有效保護辦法。

八、僑民非經政府許可不得參加當地有關軍事或政治工作。

九、僑民應本互助精神密切聯絡，並充實其組織，以謀共同利益。

十、本綱要之補充辦法由主管機關擬訂呈由行政院核准備案施行。

## 海外華僑團體備案規程〔註4〕

（1933年9月23日第五十三次常會通過，同年11月8日會令公佈、1935年5月11日第九十五次常會決議修正同月31日會令公佈）

第一條　凡華僑團體之備案，應呈由當地高級黨部，或領館，分別函呈本會，但所在地無黨部領館者，得直接徑呈本會核辦。

第二條　凡華僑團體之備案，職業團體，須有會員五十人以上，社會團體，須有會員三十人以上。

第三條　凡華僑團體，呈請備案時，應具備章程會員名冊，及職員履歷表各二份。

第四條　華僑團體之章程，須載明下列各項：（一）名稱。（二）宗旨。（三）

〔註3〕中國第二歷史檔案館編：《中華民國史檔案資料彙編》第五輯第二編政治（四），第578～579頁。日期修訂過。

〔註4〕「僑務法規及有關文書」，中國第二歷史檔案館館藏振濟委員會檔案，全宗號一一六，案卷號92。

會址。（四）會員之資格，及其權利義務之規定。（五）職員人數，職權，及選任解任之規定。（六）會議之組織。（七）會費之規定。（第85頁）

第五條　會員名冊，須載明下列各項：（一）姓名。（二）年齡。（三）籍貫。（四）僑居地。（五）職業。（六）住址或通訊處。

第六條　職員履歷表，除前條各項外，須載明下列兩項：（一）經歷。（二）現任職務。

第七條　華僑團體之備案，如係商會，或工會，或農會，或教育會等，與其他各部有關者，除依照法定手續辦理外，同時仍應呈報本會。

第八條　凡已准備案之華僑團體，其圖記，除職業團體外，由本會發給圖樣，各團體依照團體刊製。

第九條　凡華僑團體，啓用圖記，應將啓用日期，及模型，呈繳本會備案。

第十條　凡已准備案之華僑團體，每三個月終，須將該團體工作，及財政狀況，報告本會以資考覈。

第十一條　凡已准備案之華僑團體，每屆選出之職員，應呈報本會備案。

第十二條　本會對於備案之華僑團體，如認爲措施失當得令其改組，或撤銷其備案。

第十三條　本規程自公佈之日施行。

## 領事經理僑民教育行政規程〔註5〕

（1929年5月24日教育部公佈、1933年12月27日奉行政院令知經提出一四〇次院議通過核准修正（注：原文如此）、1934年4月4日外交部教育部僑務委員會會同修正公佈）

第一條　駐外總領事，領事，或副領事，（下通稱領事）除有特別情形外，依本規程之規定，經理各該駐在地及兼轄區域，僑民教育行政事項。

第二條　領事經理僑民教育行政之範圍如下：一、受教育部及僑務委員會之指揮。考察並處理僑民教育事宜。二、報告僑民教育狀況於教育部，及僑務委員會，每年至少一次。三、接受僑民學校，及僑民教育團體呈請立案文件，核轉僑務委員會。四、勸導僑民興辦教育事業。

〔註5〕「僑務法規及有關文書」，中國第二歷史檔案館館藏振濟委員會檔案，全宗號一一六，案卷號92。

五、處理僑民子弟回國就學事項。六、處理熱心教育僑民之褒獎事項。七、協助教育部及僑務委員會派往各駐在地及兼轄區域調查或辦理僑民教育之人員，進行一切事務。

第三條　領事對於僑民教育之處理，其事項如左：一、宣達中央教育法令，並監督其實行。二、介紹本黨黨義教育方法，並指導其實行。三、調查在學兒童，及失學兒童數。四、調查經費之來源額數，及其管理分配，預算決算等。五、查察學校行政，教學，訓育，及其他團體之教學狀況。六、考覈教育成績。七、指導教育改良。八、設講習會，研究會等，增進中小學教職員關於教育之知識技能。九、褒獎優良教職員。

第四條　領事赴任前，應向教育部及僑務委員會請示，關於該地僑民教育之一切事宜。

第五條　領事經教育部及僑務委員會之核准，得將駐在地及兼轄區域分爲若干學區，每區指定一曾向教育部及僑務委員會立案之優良學校，爲各僑校之領袖，領導改進該區僑民教育。

第六條　領事經教育部及僑務委員會之核准，得指定其駐在地及兼轄區域內，曾向教育部及僑務委員會立案之優良學校，或教育團體中合格人員，爲名譽督學，視察指導當地僑民教育。

第七條　各領事經教育部及僑務委員會之核准，得特聘督學，及其他掌理僑民教育行政人員。

第八條　各僑民教育團體，所有呈請事項，得由各領事核轉教育部及僑務委員會。

第九條　本規程未盡事宜，由教育部外交部僑務委員會會同修改，呈請行政院核定之。

第十條　本規程由教育部外交部僑務委員會會呈。行政院核准，公布施行。

# 附錄二　海外支部執行委員會組織條例〔註1〕

（1928年10月22日第二屆中央執行委員會第178次常務會議通過；1934年4月12日第四屆中央執行委員會第116次常務會議修正）

第一條　支部執行委員會由支部代表大會，或全體黨員通訊投票，選舉執行委員會五人或七人組織之。

第二條　支部候補執行委員規定爲三人。

第三條　支部執行委員會互選常務委員一人。常務委員下，設秘書一人（直屬支部秘書，由中央直接遣派，或就該部黨員中擇一任用之）。

第四條　秘書下分設組織、宣傳、僑民、總務、會計等科。各科各設主任一人，由執行委員會遴選委派。

僑民眾多事務繁重之地方，直屬支部得設僑民指導委員會，免設僑民科，由執行委員會就執行委員候補執行委員及熟悉僑務之黨員中，推選五人或七人任之，並指定一人爲主任委員，下設總幹事一人，襄助主任委員處理會務。

第五條　直屬支部執行委員會，得設財務委員會，由執行委員會就執監委員及當地負有資望之黨員中，推選五人或七人組織之，並指定一人爲主任委員處理會務。

第六條　秘書得列席執行委員會會議，並指定兼任僑民指導委員會總幹事，其任務如左：

〔註1〕見僑委會秘書處編印：《僑務法規彙編》，1935年6月，第549～551頁。

一、襄助常務委員會處理黨務；二、綜理會內日常事務；三、核閱並副署本會文件；四、指導及考覈各科之工作；五、處理不屬各科及不專屬一科事項。

第七條　組織科掌理關於下級黨部之組織，黨員之訓練，及調查等事宜。

第八條　宣傳科掌理關於下級黨部宣傳方面之指導考覈事項，撰擬宣傳文字，編輯及審查各項宣傳刊物等事宜。

第九條　僑民科（或僑民指導委員會）掌理關於僑民團體機關學校等之組織、聯絡、調查、指導等事宜，並協助華僑公共事業之進行。

第十條　總務科掌理本會文件之收發、保管、撰擬、紀錄，暨征集、整理、編造各項統計，及交際、與事務方面各事宜。

第十一條　合計科掌理款項之出納，編造每月預算決算，審查下級黨部繳納黨費，保管並分配黨費印花。

第十二條　財務委員會掌理關於本會經費預算，及下級黨部經費預算之審核，黨費之籌劃，及辦理各種臨捐款，編造財務報告等事宜。

第十三條　各科及僑民財務兩委員會，均不得對外發佈命令。

第十四條　各科會得視事務之繁簡，設幹事、助理幹事、錄事，各若干人，均由執行委員會任用之。

第十五條　會計科主任，不得兼任其他各科職務。

第十六條　支部執行委員會辦事細則，由支部執行委員會擬定後，呈請上級黨部備案。

第十七條　本條例由中央執行委員會核准施行。

# 附錄三　僑務委員名錄辨析及部分僑務委員簡介

## 一、僑務委員名錄辨析

劉壽林、萬仁元、王玉文、孔慶泰編輯的《民國職官年表》（中華書局，1995年）一書中詳細載有自1928年僑務委員會恢復成立以後歷屆僑務委員會委員名錄，爲研究僑委會的機構變動和人事任免提供了依據。但筆者經過與中國第二歷史檔案館館藏檔案資料及《孫中山全集》、《美國華僑年鑒》、《南洋華僑年鑒》等權威資料進行核對發現，此書中所記名錄值得商榷之處頗多，甚至出現一些太過明顯的錯漏。比如，相當多委員的名字前後所記不一致，例如1938年的委員「余榮」到了1939年的委員名單上就被記作「金榮」；名錄中還經常會誤增和缺漏一些委員，例如1940年委員名單上出現了李清泉的名字；委員名單中部分地重複常務委員的名字，儘管「組織法」規定常務委員由委員中指定產生，但通常常委名單作爲一個整體，在委員名單中要麼全部重現要麼全部不重現，部分重現的情況實在令人費解。以下是筆者根據其它檔案資料經多方考察，對該書所載1935年僑務委員名單進行的修訂：

委員長：陳樹人　副委員長：周啓剛

常務委員：周啓剛、鄭占南、蕭吉珊、曾養甫、陳春圃、陳樹人、戴愧生、張永福、謝作民。

委員：陳耀垣、林澤臣、黃滋、林疊、黃績熙、莊西言、沈鴻柏、陳占梅、黃仕元、巫理唐、馬立三、李源水、林成就、鄧子實、張天爵、李振殿、朱慈祥、周獻瑞、吳偉康、張客公、趙屏珊、劉滌寰、王志遠、楊壽彭、方之楨、黃啓文、黃紹蕃、趙煒廷、王健海、余榮、徐統雄、劉成燦、林文慶、陳嘉庚、陳披荊、林義順、陳楚楠、徐天琛、呂渭生、胡文虎、李樸生、朱肇新、王志遠、李雙輝、麥堅石、王福泰、周拔五、梁宇皐、謝仲復、簡經綸、譚光中、黃展雲、馬鏡池、伍鴻南、戴金華、何伯祥、黃壬戍。

上述人員共爲 66 人。修訂後的 1945 年委員名單如下：

委員長：陳樹人　副委員長：周啓剛

常務委員：周啓剛、蕭吉珊、陳樹人、謝作民、林疊、呂渭生、李綺庵、馬湘。

委員：林澤臣、黃績熙、馬立三、朱慈祥、劉成燦、黃紹蕃、徐統雄、王志遠、張天爵、張客公、梁宇皐、趙煒廷、李樸生、譚光中、周獻瑞、吳偉康、周拔五、李雙輝、馬鏡池、伍鴻南、黃滋、王健海、黃啓文、蕭松琴、鄧川山、黃仕元、司徒龍、黃玉明、李竹瞻、李敬我、劉伯群、黃有鸞、馮正忠、駱介子、余俊賢。

（見劉壽林、萬仁元、王玉文、孔慶泰編：《民國職官年表》，第 625～630 頁。）

這份名單共 43 人，與 1935 年的相差 23 人。經筆者考察，從 1935 年至 1945 年委員會中被免職和逝世的成員有：黃壬戍（1935 年 5 月死）、戴愧生（1936 年 6 月免）、林義順（1936 年 3 月死）、李源水（1938 年 10 月死）、林成就（1938 年 3 月死）、楊壽彭（1938 年 3 月死）、陳春圃（1939 年 4 月免）、黃展雲（1939 年 3 月死）、曾養甫（1940 年 9 月免）、張永福（1940 年 5 月免）、麥堅石（1940 年 8 月免）、朱肇新（1940 年 8 月免）、謝仲復（1940 年 8 月免）、徐天琛（1941 年 3 月免）、余榮（1942 年 9 月死）、方之楨（1942 年 1 月死）、王棠（1942 年 2 月免）、李紀堂（1943 年 11 月死）、伍鴻南（1945 年 10 月死）、黃玉明（1945 年 3 月免），共 20 人。其中不包括李清泉。李清泉的名字出現於《民國職官年表》1940 年的委員名錄中，同年 10 月死。但除此書外，沒有任何檔案資料和對李的介紹中提到過他曾任僑務委員之職，基本可以肯定他從未任過此職，《年表》屬於誤錄。另有兩人——陳披荊與陳楚楠，筆者沒有找到直接說明其二人從名錄中消失原因的材料，但在 1940 年一次中執會會議記錄中（中國第二歷史檔案館編：《中國國民黨中央執行委員會常務委員會會議錄》（二十八冊）第 451 頁。），有對於汪精衛叛變隨從人員的處理意見，陳披荊與張永福名字連在一起，所以據此分析，陳披荊與陳楚楠有可能因與汪氏的關係而被免職。因而，在此十年中，因死去及被免的委員共有 22 人。而在此十年中被任署的人員共有 20 人：姚定塵（1936 年 1 月）、莊銀安（1936 年 3 月）、王棠（1938 年 9 月）、余俊賢（1939 年 8 月）、李綺庵（1940 年 5 月）、蕭松琴（1940 年 7 月）、陳伯旋（1940 年 4 月）、馬湘（1940 年 4 月）、李紀堂（1941 年 5 月）、周崧（1941 年 7 月）、吳東垣（1941 年 7 月）、鄧山川（1941 年 7 月），李竹瞻（1943 年）、李敬我（1943 年）、劉伯群（1943 年）、司徒龍（1944 年）黃玉明（1944 年）、鄧亞魂（1944 年）及駱介子（1945 年）。其中需要特別說明的是余俊賢。《年表》1943 年 12 月名錄將其記爲免職，據檔案資料的核對審查，余被免去的僅是僑委會僑民教育處處長之職，未曾免去僑務委員的職務，筆者據此在 1945 年名錄中將其補入。

這麼說來，1945 年僑務委員的人數應是 64 人，而不是 43 人。爲何會出現如此大的出入？目前筆者沒有找到相關資料說明之。此外，在《年表》所載 1941 年和 1942 年的名錄中，一些名字，包括陳嘉庚、胡文虎、莊西言、呂渭生、沈鴻柏、陳占梅、巫理唐等眾多僑領，在 1941 年名錄中存在，但在 1942 年的名錄中卻消失了！在筆者目前所見文獻中均未找到能夠說明個中原因的材料。以《年表》爲例，我們會發現關於僑務委員人事任免和變動的記錄十分混亂不清，其中很多地方留有疑點和空白，有待更翔實的資料來說明，需要更深入的研究去發現。

## 二、部分僑務委員之簡介

下面爲部分僑務委員的簡介：

1、蕭吉珊（1893～1956），廣東潮陽人，畢業於廣東高等師範學校。1927 年，奉命赴南洋視察僑務。歷任國民政府僑務委員會委員，外洋籌募公債委員會委員，國民黨中央監察委員會秘書長、中央海外黨務計劃委員會副主任、海外部副部長等職。是第四屆候補中央執行委員、委員，第五、六屆中央執行委員。

2、戴愧生（1892～1979），福建南安人，廈門同文書院習英文。曾在廈門創辦《應聲報》，並在梓鄉設立崇詩學校，陳炯明叛變佐東路討賊軍策劃軍需，1931 年簡派爲僑務委員會委員。歷任監察院監察委員、甘（肅）寧（夏）青（海）監察使、國民黨中央海外部副部長等職。第四屆候補中央執行委員，第五、六屆中央執行委員。

3、曾養甫（1898～1969），廣東平遠人，北洋大學畢業，美國匹茲堡大學學士，曾任廣州國民政府僑務委員會委員，黃埔開埠督辦公署督辦兼廣東東省政府財政廳廳長、廣州特別市市長、，滇緬鐵路督辦公署督辦、交通部部長兼軍事工程委員會主任委員等職。在太平洋戰爭爆發前夕，曾邀集各僑領，與李樸生等人組成南洋戰區僑民疏散協助委員會，自任主任委員，救助難僑。第四、五屆中央執行委員。

4、陳耀垣（1882～1962），廣東香山（今珠海）人，旅美華僑，歷任同盟會美國士篤頓分會負責人之一，國民黨三藩市總支部常務委員、國民黨清黨委員、黨務指導委員、中央僑務委員會主任委員、海外黨務設計委員會主任委員等職。第四、五、六屆候補中央執行委員。

5、張永福（1871～1958），字祝華、叔耐，祖籍廣東饒平人，爲南洋華僑中最早贊同革命、參加同盟會的人物之一，與陳楚楠齊名，曾任中國國民黨南洋支部長，星洲埠前同德報社社長及新國民日報主筆，北伐軍大本營諮議、中央銀行汕頭分行行長、汕頭市市長等職，後追隨汪精衛。

6、謝作民，廣東梅縣人，印尼華僑，早期曾奉孫中山之命在泗水等地辦理報紙。第四、五、六屆候補中央執行委員。

7、黃滋，廣東人，曾被孫中山先生任命爲美國《少年中國晨報》總理，曾任美國三藩市分部黨務科主任。

8、林疊，廣東中山人，字景斐，紐約大學哲學博士，曾長期在美國主持國民黨黨務，第五屆中央候補委員。

9、莊西言（1885～1965），福建南靖人，印尼僑領，與陳嘉庚關係良好，曾任雅加達中華總商會會長、福建會館館長、「南僑總會」副主席、華僑智育會司正、福建省府僑務顧問、國民黨政府中央參政會參政員等職。

10、沈鴻柏，福建晉江人，爲馬六甲晉江會館首任總理，曾任同盟會馬六甲分會負責人、中華革命黨馬六甲支部正支部長。《孫中山全集》（第三卷）第 421 頁記爲「沈鴻相」，誤。其子沈慕羽後被譽爲馬來西亞華文教育的「教主」

11、陳占梅（1875～1944），原名攀龍，占梅爲其字，廣東順德人，吉隆坡華僑，錫礦主，曾任馬來亞礦務總董事。同盟會時期曾在吉隆坡辦理報紙，曾任中華革命黨雪蘭峨支部長，1939 年會同陳楚楠將新加坡具有革命意義的晚晴園購回裝修及對外開放。

12、黃仕元，廣東中山人，曾任典的市分部總務科主任。

13、巫理唐，字昌渭，廣東臺山海晏人，美國僑社僑領，歷任美國砵侖中華會館主席數十年。

14、林成就，馬來華僑，曾與鄭螺生、李源水等組織中華革命黨霹靂支部。

15、李振殿（1874～1965），字延芳，福建海澄人，沙撈越華僑，早期同盟會會員。曾任「南僑總會」財政、新加坡中華總商會董事、福建會館執委等職。

16、周獻瑞（1887～1964），福建南安人，星加坡華僑，同盟會會員，其子留學美國時，孫中山曾要求三藩市支部及相關人員「隨時照料」。曾任南安會館主席、星洲書報社副總理、國民革命總司令部諮議等職。

17、楊壽彭，旅日華僑，曾任中華革命黨駐大阪、神戶籌餉局長。此爲據《孫中山全集》所見。另據有學者考在1902年，河內華僑米商楊壽彭與黃隆生等主持河內興中會（任貴祥《孫中山與華僑》黑龍江人民出版社，1998年9月，第52、86頁。）不知兩人是否爲同一人？

18、黃紹蕃，廣東中山，曾任古巴支部執行部書記。

19、趙煒廷（偉庭），廣東人，曾任國民黨墨京通訊處總務科科長。

20、王健海，廣東，曾任大溪地分部正部長。

21、余榮，廣東臺山人，曾任悉尼支部正部長。

22、徐統雄，廣東大埔，新加坡華僑，曾任中華革命黨新加坡支部副部長，《孫中山全集》中收錄多封孫致其的函件。

23、林文慶（1869～1957）字夢琴，原籍福建海澄，生於新加坡的一個華僑家庭，曾留學英國愛丁堡大學醫學院。1892年獲得醫學內科學士和外科碩士學位。以後，香港大學又授予他名譽法學博士學位，1899年，他作爲新加坡第一所女子學校——中華女校的創辦人之一，後應陳嘉庚之聘任廈門大學校長一職。

24、陳嘉庚，福建同安人，南洋大企業家，毛澤東曾譽之爲「華僑旗幟，民族光輝」，爲抗戰時期深有影響力的「南僑總會」主席。

25、陳披荊，美國華僑，曾爲同盟會美國屋侖埠分會負責人之一，曾奉命到美整理黨務、

26、林義順（1879～1936），字發初，祖籍廣東澄海人，新加坡第一代僑生，爲首批加盟同盟會新加坡分會會員，被推選爲交際股主任。南洋企業家。

27、陳楚楠（？～1971），祖籍福建廈門，爲新加坡第一代僑生，曾任同盟會新加坡分會會長。南洋企業家。

28、呂渭生（1885～1950），字俊周，福建南安人，早年參加中國同盟會，任該會菲律賓籌款委員。曾任 1922 年討袁軍新編陸軍第二師師長，受銜中將，兼任福建省實業廳廳長；參與 1933 年的十九路軍反蔣的「福建事變」事件。

29、胡文虎（1882～1954 年），原籍福建永定人，著名的海外客家僑領，南洋著名華僑企業家、報業家和慈善家，被稱爲南洋華僑傳奇人物

30、李樸生，祖籍廣東番禺，出生於蘇門答臘亞齊埠，長期辦理海外黨務。

31、朱肇新，曾任域多利支部正部長。

32、黃展雲，字魯貽，福建人，曾任中華革命黨福建支部長。。

33、馬鏡池，廣東臺山人，曾國民黨任點問頓分部執行部書記。

34、戴金華，福建南安人，爲戴愧生之叔。曾任中華革命黨菲律賓支部正支部長，1927 年福建政務委員會時，任福建僑務委員會主任委員。

35、吳偉康，廣東人，印尼華僑，早期同盟會會員。

36、莊銀安，號希復，祖籍福建同安人，仰光華僑企業家，與他人共同創辦仰光中華義學，曾任同盟會緬甸分會會長、緬甸《光華日報》報社經理，1927 年福建政務委員會時，任福建僑務委員會主任委員。

37、李綺庵，廣東臺山人，廣東陸軍講武堂畢業，曾任同盟會波士頓分會負責人，美國歸僑，1920 年期間革命軍欽廉方面的負責人。歷任第四、五、六屆候補中央監察委員。

38、李紀堂，廣東新會人，香港富商，興中會會員，將得到的百萬遺產皆讚助革命。

# 參考文獻舉要

## 一、檔案、資料彙編、文集及憶述資料


1. 中國第二歷史檔案館館藏僑務委員會檔案，全宗號 22。
2. 中國第二歷史檔案館館藏振濟委員會檔案，全宗號 116。
3. 中國第二歷史檔案館館藏行政院檔案，全宗號 2。
4. 《毛澤東選集》(共四冊)，人民出版社，1991 年。
5. 《鄧小平選集》(第一卷)，人民出版社，1994 年。
6. 《華僑與中國國民革命運動》，無編著者，〔臺北〕海外出版社，1981 年 3 月。
7. 《王世杰日記》第一冊，〔臺北〕「中央研究所」近代史研究所，1990 年 3 月。
8. 《文史資料選輯》(合訂本) 第 30 冊，中國文史出版社，1986 年。
9. 《吳鐵城傳記資料》(一、二)，〔臺北〕天一出版社，1985 年。
10. 《中國國民黨歷次全國代表大會暨中央執行委員會全體會議對海外黨務僑務重要決議案》，〔臺北〕海外出版社，1952 年 10 月。
11. 蔡仁龍、郭梁主編：《華僑抗日救國史料選輯》，中共福建省黨史工作委員會、中國華僑歷史學會，1987 年 7 月。
12. 陳翰笙主編：《華工出國史料彙編 (1～10 輯)》，中華書局，1980～1985 年。
13. 陳嘉庚：《南僑回憶錄》，嶽麓書社，1998 年。
14. 陳鵬仁主編，劉維開編輯：《中國國民黨黨務發展史料：海外黨務工作》，〔臺北〕近代中國發行，1998 年。
15. 程天固：《程天固回憶錄》(上下)，〔臺北〕龍文出版社股份有限公司，

1993年。
16. 福建省檔案館編：《福建華僑檔案史料》（上、下），檔案出版社，1990年。
17. 高素蘭編注：《蔣中正總統檔案：事略稿本》（11）（25），〔臺北〕「國史館」，2004年。
18. 龔陶怡等編：《菲律賓華僑抗日鬥爭紀實》，中國國際廣播出版社，1997年。
19. 廣東省檔案館、廣州華僑志編委辦、廣州華僑研究會、廣州師範學院合編：《華僑與僑務史料選編（廣東）》（一、二），廣東人民出版社，1991年4月。
20. 廣東省社會科學歷史研究室、中國社會科學近代史研究所中華民國史研究室、中山大學歷史系孫中山研究室合編：《孫中山全集》（全十一冊），中華書局，2006年。
21. 李雲漢主編，林養志編輯：《中國國民黨黨務發展史料：中央常務委員會常務報告》，〔臺北〕近代中國發行，1995年。
22. 梁啓超著：《飲冰室合集》（7），中華書局，2003年。
23. 羅家倫主編：《革命文獻》第一、五、八、九輯，〔臺北〕中國國民黨中央執行委員會黨史委員會，1984年。
24. 秦孝儀主編：《革命文獻》第八十輯，〔臺北〕中國國民黨中央執行委員會黨史委員會，1979年。
25. 榮孟源主編：《中國國民黨歷次代表大會及中央全會資料》（上下），光明日報出版社，1985年。
26. 星洲日報社編：《星洲十年（政治、市政）》，〔臺北〕文海出版社有限公司，1977年。
27. 曾紀澤著，劉志惠點校輯注：《曾紀澤日記》（共三冊），嶽麓書社，1998年。
28. 張星烺編注，朱傑勤校訂：《中西交通史料彙編》（全四冊），中華書局，2003年。
29. 中國第二歷史檔案館編：《中國國民黨中央執行委員會常務委員會會議錄》（影印本）（十五至四十四冊），廣西師範大學出版社，2000年。
30. 中國第二歷史檔案館編：《中華民國史檔案資料彙編》第五輯第一、二編，政治、財政經濟等分冊，江蘇古籍出版社，1994～1997年。
31. 中國國民黨中央委員會第三組：《中國國民黨在海外——各地黨部史料初稿彙編》，1961年11月12日出版。出版社不詳。
32. 中國社會科學院近代史研究所譯：《顧維鈞回憶錄》第四、五分冊，中華書局，1986～1987年。

33. 周元高、孟彭興、舒穎雲編：《李烈鈞集》（下集），中華書局，1996 年。

## 二、古 籍

1. 〔漢〕班固撰：《漢書》，中華書局，1964 年。
2. 〔宋〕范曄撰：《後漢書》，中華書局，1973 年
3. 〔明〕費信著，馮承鈞校：《星槎勝覽校注》，商務印書館，1938 年。
4. 〔元〕汪大淵著，蘇繼廎校釋：《島夷志略校釋》，中華書局，2000 年。
5. 〔清〕張廷玉等撰：《明史》，中華書局，1974 年。
6. 〔明〕張燮著，謝方點校：《東西洋考》，中華書局，2000 年。
7. 〔宋〕趙汝适著，楊博文校釋：《諸蕃志校釋》，中華書局，2000 年。
8. 〔宋〕周去非也：《嶺外代答》，上海遠東出版社，1996 年。

## 三、民國時期有關書報刊及專著

1. 《黨務月刊》
2. 《東方雜誌》
3. 《海外月刊》
4. 《華僑動員》
5. 《華僑經濟》
6. 《華僑評論》
7. 《華僑生活》
8. 《華僑先鋒》
9. 《華僑月刊》
10. 《現代華僑》
11. 《新亞細亞》
12. 《中央日報》
13. 《華僑教育會議報告書》，無編者，無出版社，1930 年。
14. 《秘魯華僑對日宣戰籌餉總會徵信錄》，文光印務館，無出版時間（序言寫於 1933 年）。
15. 《僑務回溯與僑務經濟》，著者模糊不清，民益書局，1940 年。
16. H.L.Shapiro 著，中國太平洋國際學會譯：《夏威夷之華僑》，中國太平洋國際學會，1932 年。
17. 財政整理會編印：《暫編中央各機關各部經費國家歲出預算分表》，1925 年 12 月。
18. 陳達：《南洋華僑與閩粵社會》，商務印書館，1938 年。

19. 陳起森：《華僑寶鑒》，無出版社，1925 年。
20. 陳汝眉：《旅美華僑實錄》，無出版社，無出版時間。
21. 陳汝舟編：《美國華僑年鑒》，中國國民外交協會駐美辦事處出版，1946 年。
22. 陳樹人：《專愛集》，中華書局，1947 年。
23. 陳樹人：《自然美謳歌集》，世界書局，1948 年。
24. 陳體強：《中國外交行政》，商務印書館，1945 年。
25. 陳之邁：《中國政府》（共三冊），商務印書館，1946 年。
26. 陳直夫編：《澳洲及旅澳華僑》，商務印書館，無出版時間。
27. 陳仲道編：《抗戰中的中國國民黨》，生活書店，1938 年。
28. 傅無悶總編：《南洋年鑒》，南洋商報出版部，1939 年。
29. 顧公任：《泰國與華僑》（外交部亞洲司研究叢書），1940 年。
30. 郭建編：《地下三年》，抗反宣教部，1945 年。
31. 黃承官：《暹羅華僑問題》，無出版社，無出版時間。
32. 黃警頑編著：《華僑對祖國的貢獻》，棠棣社出版，1940 年。
33. 黃競初：《南洋華僑》，上海商務印書館，1930 年。
34. 教育部教育年鑒編纂委員會：《第二次中國教育年鑒》，商務印書館，1948 年。
35. 君羊，千兒合譯，宋千金校閱：《中國國民黨內幕》，新民主報社刊印，1946 年。
36. 李樸生：《華僑問題導論》，獨立出版社，1945 年。
37. 劉士木、徐之圭：《華僑概觀》，中華書局，1935 年。
38. 劉佐人：《當前僑匯問題》，廣東省銀行經濟叢書，1946 年。
39. 呂家偉：《華僑運動之意義及計劃》，國立暨南大學南洋文化事業部，1931 年。
40. 旅渝暹羅華僑互助社編印：《暹羅問題專集》，1945 年。
41. 馬揚生：《日本南進政策與華僑》，華僑生活出版社，1941 年。
42. 棉蘭華僑教育總會編印：《蘇島華僑教育叢刊》，1931 年。
43. 莫子材編：《華僑問題彙刊》（第一集），中國國民黨執行委員會招待海外同志第二事務所印，1929 年 3 月。
44. 南洋華僑籌賑祖國難民總會編纂：《南洋正論集》，新南洋出版社，1948 年。
45. 錢鶴、劉士木、李則綱合輯：《華僑教育論文集》，國立暨南大學南洋文化事業部，1929 年。

46. 錢鶴編：《南洋華僑學校之調查與統計》，國立暨南大學南洋文化事業部發行，1930 年。
47. 僑務委員會編：《僑樂村》，僑務月刊社，1935 年。
48. 僑務委員會編印：《僑務十五年》，1947 年 4 月。
49. 僑務委員會秘書處編印：《僑務法規彙編》，僑務委員會秘書處印，1935 年 6 月。
50. 丘漢平：《華僑問題》（上下），商務印書館，1936 年。
51. 申報年鑒社編輯：《第二次申報年鑒》，申報館，1934 年 4 月。
52. 申報年鑒社編輯：《第三次申報年鑒》，申報館，1935 年 4 月。
53. 申報年鑒社編輯：《申報年鑒》，申報館，1933 年 4 月。
54. 實業部工商訪問局編印：《大阪神户華僑貿易調查》，1931 年。
55. 檀山華僑編印：《檀山華僑年報》，1930 年。
56. 涂開輿：《華僑》，商務印書館，1934 年。
57. 溫鈕南：《訓政綱要》中國國民黨中央執行委員會宣傳部印，1929 年 6 月。
58. 行政院編印：《國民政府年鑒》（第二回），1944 年 10 月。
59. 行政院編印：《國民政府年鑒》，1943 年 11 月。
60. 行政院新聞局印行：《僑胞教育》，1947 年 7 月。
61. 徐釣溪、劉家壎編：《萬寶山事件及朝鮮慘案》，日本研究會發行，1931 年。
62. 楊震寰：《戰後中國海外移殖事業》，僑光通訊社，1946 年。
63. 越南華僑年鑒社編：《越南華僑年鑒》，（越南）亞東印務局，1929 年。
64. 曾松友：《戰時社會行政研究》，正中書局，1944 年。
65. 章進：《新斐律濱與華僑》，中華書局，1936 年。
66. 章進主編：《中國外交年鑒（1934 年 1 月～12 月）》，上海世界書局，1935 年。
67. 章淵若、張禮千主編：《南洋華僑與經濟之現勢》，商務印書館，1946 年。
68. 鄭林寬：《福建華僑匯款》，福建省政府秘書處發行，1940 年。
69. 中國國民黨中央執行委員會宣傳部：《抗戰建國綱領淺説》，正中書局，1938 年。
70. 中國國民黨中央執行委員會宣傳部：《抗戰六年來之外交》，國民圖書出版社，1943 年。
71. 中國國民黨中央執行委員會宣傳部編印：《抗戰六年來之黨務》，1943

年。
72. 中央僑務委員會編印：《實業計劃彙編》，1931 年。
73. 中央宣傳部編：《總裁言論》（共四冊），中國文化服務社，1940 年。
74. 周開慶：《蔣介石先生的思想體系》，正中書局，1946 年。
75. 周啓剛：《海外問題言論選輯》（第一集），海外月刊社，1935 年。
76. 主計部統計局：《中華民國統計年鑒》，中國文化事業公司，1948 年。

## 四、專　著

1. 〔美〕C.E.布萊克，景躍進、張靜譯：《現代化的動力——一個比較史的研究》，浙江人民出版社，1989 年。
2. 〔英〕D·G·E·霍爾著，中山大學東南亞歷史研究所譯：《東南亞史》（上冊），北京：商務印書館，1982 年。
3. 〔英〕阿爾弗萊德·拉塞爾·華萊士著，彭珍、袁偉亮等：《馬來群島自然科學考察記》，中國人民大學出版社，2004 年。
4. 〔前蘇聯〕安德列耶娃：《社會心理學》，南開大學出版社，1986 年。
5. 別必亮：《承傳與創新——近代華僑教育研究》，河北教育出版社，2002 年。
6. 蔡北華主編：《海外華僑華人發展簡史》，上海社會科學院出版社，1992 年。
7. 蔡蘇龍：《僑鄉社會轉型與華僑華人的推動：以泉州爲中心的歷史考察》，天津古籍出版社，2006 年。
8. 〔新加坡〕陳國賁著，王業龍、王毅譯，楊立文、陳國賁校：《煙與火——蒙特利爾的華人》，北京大學出版社，1996 年。
9. 陳烈甫：《華僑學與華人學總論》，臺灣商務印書館，1987 年。
10. 陳民：《民國華僑名人傳略》，中國華僑出版公司，1991 年。
11. 陳臺民：《中菲關係與菲律賓華僑》，（香港）朝陽出版社，1985 年。
12. 陳雁：《抗日戰爭時期中國外交制度研究》，復旦大學出版社，2002 年。
13. 陳眞魂主編：《陳樹人先生年譜》，嶺南美術出版社，1994 年。
14. 崔之清主編：《國民黨政治與社會結構之演變（1905～1949）》（上中下三編），社會科學文獻出版社，2007 年。
15. 〔美〕戴維·波普諾著，李強等譯：《社會學》（第十版），中國人民大學出版社，2002 年。
16. 〔法〕德拉諾瓦著，鄭文彬、洪暉譯，舒蓉、陳彥校：《民族與民族主義》，三聯書店，2005 年。
17. 鄧麗蘭：《域外觀念與本土政制變遷——20 世紀二三十年代中國知識界

的政制設計與參政》，中國人民大學出版社，2003 年。

18. 方積根、胡文英：《海外華文報刊的歷史與現狀》，新華出版社，1989 年。
19. 方金英：《東南亞「華人問題」的形成與發展——泰國、菲律賓、馬來西亞、印度尼西亞案例研究》，時事出版社，2001 年。
20. 費正清：《劍橋中華民國史》（下），中國社會科學出版社，1993 年。
21. 馮秀文編著：《中墨關係：歷史與現實》，社會科學文獻出版社，2007 年。
22. 馮子平：《華僑華人史話》，〔香港〕天馬圖書有限公司，2004 年。
23. 高偉濃：《下南洋》，南方日報出版社，2000 年。
24. 高信、張希哲主編：《華僑史論集》，〔臺北〕華僑協會總會，1977 年。
25. 廣東華僑歷史學會：《華僑論文集》（第一、三輯），1982～1986 年。
26. 郭寶平：《民國政制通論》，山西人民出版社，1995 年。
27. 郭梁：《東南亞華僑華人經濟簡史》，經濟科學出版社，1998 年。
28. 華僑協會主編：《華僑與抗日戰爭論文集》（上下），〔臺北〕正中書局，1999 年。
29. 黃昆章、吳金平：《加拿大華僑華人史》，廣東高等教育出版社，2001 年。
30. 黃滋生、何思兵：《菲律賓華僑史》，廣東高等教育出版社，1987 年。
31. 〔日本〕家近亮子著，王士花譯：《蔣介石與南京國民政府》，社會科學文獻出版社，2005 年。
32. 賈海濤、石滄金：《海外印度人與海外華人國際影響力比較研究》，山東人民出版社，2007 年。
33. 姜良芹：《南京國民政府內債問題研究（1927～1937）——以內債政策及運作績效爲中心》，南京大學出版社，2003 年。
34. 經盛鴻：《南京淪陷八年史》（上下），社會科學文獻出版社，2005 年。
35. 金以林：《近代中國大學研究：1895～1949》，中央文獻出版社，2000 年。
36. 〔美〕彼得·鄺（Kwomg, P）著，楊立信、壽進文等譯：《新唐人街》，世界知識出版社，2002 年。
37. 冷東：《東南亞海外潮人研究》，中國華僑出版社，1999 年。
38. 李春輝、楊生茂主編：《美洲華僑華人史》，東方出版社，1990 年。
39. 李君哲：《戰後海外華僑華人社會變遷》，遼寧教育出版社，1998 年。
40. 李松林主編：《中國國民黨史大辭典》，安徽人民出版社，1993 年。

41. 李學民、黃昆章：《印尼華僑史（古代至 1949 年）》，廣東高等教育出版社，2005 年。
42. 李盈慧：《華僑政策與海外民族主義（1912～1949）》，〔臺北〕「國史館」1997 年。
43. 李盈慧：《抗日與附日——華僑・國民政府・汪政權》，〔臺北〕水牛出版社，2003 年。
44. 梁初鴻、鄭民編：《華僑華人史研究集》（二），海洋出版社，1988 年。
45. 林金枝主編，李國梁、林金枝、蔡仁龍著：《華僑華人與中國革命和建設》，福建人民出版社，1993 年。
46. 林炯如、傅紹昌、虞寶棠編著：《中華民國政治制度史》華東師範大學出版社，1995 年。
47. 林蒲田主編：《華僑教育與華文教育概況》廈門大學出版社，1995 年。
48. 林遠輝、張應龍：《新加坡馬來西亞華僑史》，廣東高等教育出版社，1991 年。
49. 〔美〕令狐萍：《金山謠：美國華裔婦女史》，中國社會科學出版社，1999 年。
50. 劉漢標、張興漢編：《世界華僑華人概況（歐洲、美洲卷）》，暨南大學出版社，1994 年。
51. 劉紹唐主編：《民國人物小傳》（1～9 冊），傳記文學出版社，1987～1996 年。
52. 劉壽林、萬仁元、王玉文、孔慶泰編：《民國職官年表》，中華書局，1995 年。
53. 盧海鳴、劉曉寧、朱明編著：《南京民國官府史話》，南京出版社，2003 年。
54. 陸益龍：《嵌入性適應模式：韓國華僑文化與生活方式的變遷》，中國社會科學出版社，2006 年。
55. 閭小波主編：《當代中國政府與政治》，南京大學出版社，2006 年。
56. 〔美〕羅傑・希爾斯曼、勞拉・高克倫、帕特里夏・A・韋茨曼著，曹大鵬譯：《防務與外交決策中的政治——概念模式與官僚政治》，商務印書館，2000 年。
57. 〔英〕米切爾・黑堯（Michael Hill）著，趙成根譯：《現代國家的政策過程》，中國青年出版社，2004 年。
58. 倪正太、陳曉明：《中華民國職官辭典》，黃山書社，1998 年。
59. 寧騷主編：《公共政策學》，高等教育出版社，2004 年。
60. 潘興明：《20 世紀中加關係》，學林出版社，2007 年。

61. 錢平桃、陳顯泗主編：《東南亞歷史舞臺上的華人與華僑》，山西教育出版社，2001 年。
62. 喬林生：《日本對外政策與東盟》，人民出版社，2006 年。
63. ﹝臺灣﹞「僑務委員會」編印：《光輝的軌跡：僑務委員會六十週年會慶實錄》，1992 年。
64. 邱格屏：《世外無桃源：東南亞華人秘密會黨》，三聯書店，2003 年。
65. 任貴祥：《華僑與中國民族民主革命》，中央編譯出版社，2006 年。
66. 商麗浩：《政府與社會：近代公共教育經費配置研究》，河北教育出版社，2002 年。
67. ﹝美﹞史景遷著，呂玉新譯：《胡若望的困惑之旅：18 世紀中國天主教徒法國蒙難記》，上海遠東出版社，2006 年。
68. ﹝美﹞斯科特·戈登著，應奇、陳麗微、孟軍、李勇譯：《控制國家——西方憲政的歷史》，江蘇人民出版社，2001 年。
69. ﹝美﹞斯圖亞特·S·那格爾編著，林明、龔裕、鮑克、韓春立等譯：《政策研究百科全書》，科學技術文獻出版社，1990 年。
70. 宋全成：《歐洲移民研究：20 世紀的歐洲移民進程與歐洲移民問題化》，山東大學出版社，2007 年。
71. 汪新、劉紅：《南京國民政府軍政要員錄》，春秋出版社，1988 年。
72. 王爾敏：《五口通商變局》，廣西師範大學出版社，2006 年。
73. 王賡武：《王賡武自選集》，上海教育出版社，2002 年。
74. 王賡武：《移民與興起的中國》，（新加坡）八方文化創作室，2005 年。
75. 王奇生：《黨員、黨權和黨爭：1924 年～1949 年中國國民黨的組織形態》，上海書店出版社，2003 年。
76. ﹝美﹞韋慕庭著，楊慎之譯：《孫中山：壯志未酬的愛國者》，新星出版社，2006 年。
77. 巫樂華主編：《華僑史概要》，中國華僑出版社，1994 年。
78. 吳相湘編：《民國百人傳》（1～4 冊），﹝臺北﹞傳記文學出版社，1971 年。
79. 吳相湘編：《民國人物列傳》（1～2 冊），﹝臺北﹞傳記文學出版社，1986 年。
80. 吳相湘編：《民國政治人物》（1～2 冊），﹝臺北﹞傳記文學出版社，1982 年。
81. 吳澤主編：《華僑史研究論集（一）》，華東師範大學出版社，1984 年。
82. 夏東元編：《鄭觀應集》上冊，上海人民出版社，1982 年。
83. ﹝美﹞小約瑟夫·奈著，張小明譯：《理解國際衝突：理論與歷史》，上海人民出版社，2006 年。
84. 肖如平：《國民政府考試院研究》，社會科學文獻出版社，2008 年。
85. 謝明編著：《行政透視 —— 細微之處見行政》，機械工業出版社，2002 年。
86. 許明龍：《黃嘉略與早期法國漢學》，中華書局，2004 年。
87. 許明龍：《歐洲 18 世紀「中國熱」》，山西教育出版社，1999 年。
88. 顏清湟著，粟明鮮、陸宇生、梁瑞平、蔣剛譯，巫樂華、黃昆章、黃元煥校：《新馬華人社會史》，中國華僑出版公司，1991 年。
89. 楊國標、劉漢標、楊安堯：《美國華僑史》，廣東高等教育出版社，1989 年。
90. 楊國樞著：《中國人的心理與行爲：本土化研究》，中國人民大學出版社，2004 年。
91. 楊建成主編：《南洋華僑抗日救國運動始末（1937～1945）》，〔臺北〕中華學術院南洋研究所，1983 年。
92. 楊萬秀主編：《海外華僑華人概況》，廣東人民出版社，1989 年。
93. 楊武編著：《東盟文化與藝術研究》，哈爾濱工程大學出版社，2007 年。
94. 楊昭全、孫玉梅：《朝鮮華僑史》，中國華僑出版公司，1991 年。
95. 於群：《美國對日政策研究（1945～1972）》，東北師範大學出版社，1996 年。
96. 曾瑞炎：《華僑與抗日戰爭》，四川大學出版社，1988 年。
97. 曾少聰：《漂泊與根植：當代東南亞華人族群關係研究》，中國社會科學出版社，2004 年。
98. 張秋生：《澳大利亞華僑華人史》，外語教學與研究出版社，1998 年。
99. 張希哲、陳三井主編：《華僑與孫中山先生領導的國民革命學術研討會論文集》，〔臺北〕「國史館」，1997 年 8 月。
100. 張憲文主編：《中華民國史》（共四冊），南京大學出版社，2006 年。
101. 趙小建：《重建家園：動蕩中的美國華人社會：1940～1965》，復旦大學出版社，2006 年。
102. 趙曉呼主編：《政黨論》，天津人民出版社，2003 年。
103. 鄭海峰：《中國古代官制研究》，天津人民出版社，2007 年。
104. 鄭民、梁初鳴編：《華僑華人史研究集》（一），海洋出版社，1989 年。
105. 中共陝西省委黨史研究室編：《抗日華僑與延安》，陝西人民出版社，1995 年。
106. 周敏著，鮑靄斌譯、葉振猷校：《唐人街 —— 深具社會經濟潛質的華人社區》，商務印書館，1995 年。
107. 周南京主編：《華僑華人百科全書》（總論、法律等分冊），中國華僑出版社，2002 年。
108. 周南京主編：《世界華僑華人詞典》，北京大學出版社，1993 年。
109. 周望森主編：《華僑華人研究論叢》（第 5 輯），中國華僑出版社，2001 年。
110. 朱東芹：《衝突與融合：菲華商聯總會與戰後菲華社會的發展》，廈門大學出版社，2005 年。
111. 朱國宏：《中國的海外移民——一項國際遷移的歷史研究》，復旦大學出版社，1994 年。
112. 朱傑勤：《東南亞華僑史》，高等教育出版社，1990 年。
113. 朱祐慈、楊大寧、胡隆昶、王文鈞、俞振基譯：《何廉回憶錄》，中國文史出版社，1988 年。
114. 鄒啓宇編：《南洋問珠錄》，雲南人民出版社，1986 年。

## 五、論文及其他

1. 〔美〕E.威克保（E.Wickberg）：《菲律賓華人早期的經濟勢力，1850～1898》，《南洋問題資料譯叢》1963 年第 2 期。
2. Frank N.Pieke 著，李明歡譯：《歐洲華僑華人概況》，《華僑華人歷史研究》1997 年第 2 期。
3. 〔美〕G.W.史金納（G.William Skinner）：《泰國華僑社會，史的分析》，《南洋問題資料譯叢》1964 年第 1、2、3、4 期。
4. 〔前蘇聯〕H.A.西莫尼亞：《東南亞各國的中國居民》，《南洋問題資料譯叢》1963 年第 1 期。
5. 班國瑞：《英國華僑社團的歷史演變與當代華人社會的轉型》，《華僑華人歷史研究》2005 年第 2 期。
6. 包愛芹：《1925～1945 年國民政府僑務政策及工作述論》，《華僑華人歷史研究》2000 年第 2 期。
7. 卜憲群：《秦漢公文文書與國家行政管理》，《文史知識》1998 年第 8 期。
8. 陳存恭、鄧德濂：《抗戰時期中國國民黨的海外黨務》，胡春惠主編：《紀念抗日戰爭勝利五十週年學術討論會論文集》（（香港）珠海書院亞洲研究中心，1996 年 3 月 28 日。
9. 陳紅民：《「新國民黨」在海外的活動：1932～1936 年》，《民國檔案》2002 年第 1 期。
10. 陳建寧、陳文星：《福建暨南局興廢始末》，《福建論壇・人文社會科學版》2007 年第 4 期。

11. 陳志明、李遠龍譯：《馬來西亞華人的認同》，《廣西民族學院學報（哲學社會科學版）》1998 年第 4 期。
12. 賓文金：《南京國民政府僑務工作剖析（1927～1949 年）》，《八桂僑史》1996 年第 4 期。
13. 杜裕根：《北洋政府的僑資政策及其評價》（刊於《華僑華人歷史研究》2004 年第 3 期。
14. 方建新、傅建輝：《國民政府時期南洋華僑教育的發展狀況及原因》，《中國石油大學勝利學院學報》2006 年第 12 期。
15. 房鑫亮：《何炳松對華僑高等教育的貢獻》，《歷史教學問題》1990 年第 2 期。
16. 葛劍雄：《中國歷史移民的類型和特點》，中國地理學會歷史地理專業委員會《歷史地理》編輯委會編：《歷史地理》第 11 輯，上海人民出版社，1993 年。
17. 〔日本〕過放著、喬雲譯：《初期日本華僑社會》，《南洋資料譯叢》2004 年第 4 期。
18. 〔美〕海顥：《菲律賓與中國》，《南洋問題資料譯叢》1957 年第 3 期。
19. 韓世嘉：《抗戰時期僑務委員會》，《武漢文史資料》2001 年第 4 期。
20. 賀金林：《民國時期的國立華僑中學》，《八桂僑刊》，2006 年第 3 期。
21. 賀金林：《太平洋戰事前後國民政府救濟難僑的活動》，《華僑華人歷史研究》2005 年第 3 期。
22. 賀聖達：《中華兒女抗日在南洋 —— 東南亞華僑的武裝抗日鬥爭》，《雲南民族大學學（報哲學社會科學版）》2005 年 11 月。
23. 〔菲律賓〕洪玉華、吳文煥：《華人與菲律賓革命》，《華僑華人歷史研究》1996 年第 4 期。
24. 黃昆章：《論印尼排華運動的特點和背景》，《八桂僑史》1998 年第 3 期。
25. 蔣尊國：《東南亞國家華文教育之比較研究》，《東南亞縱橫》2005 年第 8 期。
26. 金以林：《地域觀念與派系衝突 —— 以二三十年代國民黨粵籍領袖爲中心的考察》，《歷史研究》2005 年第 3 期。
27. 瞿茜、李其榮：《論二戰前美國移民政策中的排外主義》，《八桂僑刊》2007 年第 4 期。
28. 〔法〕卡琳・傑拉西莫夫著，陳欣譯：《法國移民政策與近五年華人移民》，《華僑華人歷史研究》2000 年第 1 期。
29. 樂嘉慶：《論抗戰時期國民黨政府權力結構的運行》，《學術論壇》1991 年第 5 期。

30. 李安山：《華僑華人的學科定位與研究對象》，《華僑華人歷史研究》2004年第1期。
31. 李安山：《中華民國時期華僑研究述評》，《近代史研究》2002年第4期。
32. 李東光：《海外華僑與八路軍》，《黨史文匯》2003年第3期。
33. 李明歡：《20世紀西方國際移民理論》，《廈門大學學報（哲學社會科學版）》2000年第4期。
34. 李明歡：《法國的中國新移民人口構成分析——以傳統、制度與市場爲視角》，《廈門大學學報（哲學社會科學版）》2008年第3期。
35. 李其榮：《反法西斯戰爭中的美國華僑華人》，《華中師範大學學報（哲社版）》1995年第5期。
36. 李其榮：《華人新移民研究評析》，《東南亞研究》2007年第5期。
37. 李其榮：《新華僑華人的職業結構及其影響因素——美國與加拿大的比較》，《東南亞研究》2008年第2期。
38. 李維勇、石巨文：《民國時期的幾次公文改革》，《秘書之友》1992年第6期。
39. 李盈慧：《淪陷前國民政府在香港的文教活動》，港澳與近代中國學術研討會論文集編輯委員會編：《港澳與近代中國學術研討會論文集》，〔臺北〕「國史館」，2000年。
40. 李盈慧：《戰時國民政府的僑務機構與海外抗日活動》（載《抗戰勝利五十週年國際研討會論文集》，〔臺北〕「國史館」，1997年）
41. 李玉年：《泰國華文學校的世紀滄桑》，《東南文化》2007年第1期。
42. 梁茂信：《論19世紀後期美國對華移民政策》，《東北師大學報（哲學社會科學版）》1998年第6期。
43. 梁上苑：《八路軍香港辦事處建立內情》，《世紀》1997年第3期。
44. 廖小健：《近期馬來西亞華人政策回顧與展望》，《華僑華人歷史研究》1996年第4期。
45. 廖小健：《馬來西亞華人政策的特點》，《華僑華人歷史研究》1998年第2期。
46. 廖小健：《文萊政府的華僑華人政策》，《東南亞研究》1996年第4期。
47. 廖小健：《英國政府的華僑華人政策》，《八桂僑史》1996年第3期。
48. 林德榮：《印尼排華根源及華人前景淺析》，《華僑華人歷史研究》1999年第3期。
49. 劉大禹：《國民政府行政院行使權力的困境（1932～1935）》，《湖南科技大學學報（社會科學版）》第10卷第2期（2007年3月）。
50. 駱騰：《從廣州秦船臺遺址看秦漢時嶺南船文化》，《嶺南文史》1995年第 1 期。
51. 馬振犢、邱錦：《抗戰時期國民黨中統特工的對英合作》，《抗日戰爭研究》2006 年第 3 期。
52. 毛起雄：《孫中山先生僑務立法思想與實踐》，《華僑華人歷史研究》1990 年第 2 期。
53. 茆貴鳴：《廖承志與八路軍妨香港辦事處》，《百年潮》2005 年第 6 期。
54. 蒙雅森：《論海外華僑愛國傳統的根基》，《暨南學報（哲學社會科學版）》，1996 年第 4 期。
55. 任貴祥：《孫中山、袁世凱及其代表的南北政府僑務政策比較研究》，《江漢論壇》2005 年第 7 期。
56. 沙東迅：《民國時期廣東黨政軍當局對抗日的態度及其應變措施》，《廣東史志》1999 年第 1 期。
57. 施雪琴：《菲律賓華人移民政策與人口變化》，《南洋問題研究》1996 年第 3 期。
58. 施雪琴：《菲律賓排華運動諸因素探析》，《南洋問題研究》1997 年第 4 期。
59. 施雪琴：《近年來美國移民政策的變化》，《八桂僑史》1998 年第 2 期。
60. 唐淩：《抗戰時期廣西的救僑工作》，《八桂僑史》1999 年第 4 期。
61. 唐潤明：《汪精衛出逃後軍統對汪派人物的監視》，《民國春秋》1997 年第 2 期。
62. 王春福：《試論政策評估和政策評價的區別》，《理論探討》1992 年第 3 期。
63. 王賡武著，錢江譯：《從歷史中尋求未來的海外華人》，《華僑華人歷史研究》1999 年第 4 期。
64. 王奇生：《黨政關係：國民黨黨治在地方層級的運作（1927～1937）》，《中國社會科學》2001 年第 3 期。
65. 王賢知：《抗戰期間國民黨組織建設與組織發展的幾個問題》，《近代史研究》1990 年第 2 期。
66. 吳彬：《抗戰時期的廖承志與統戰工作》，《廣東省社會主義學院學報》2004 年第 1 期。
67. 吳洪芹：《海外華人的民族認同與國家觀念辨析》，《華僑華人歷史研究》1996 年第 1 期。
68. 吳美蘭：《客家人在印度尼西亞的共生與認同》，《嘉應大學學報》1999 年第 1 期。
69. 吳新奇：《論廣州國民政府的對外政策》，《滄桑》2004 年第 6 期。

70. 武菁:《抗戰時期的僑務政策與華僑的歷史作用》,《安徽大學學報(哲學社會科學版)》2006 年第 1 期。
71. 肖多:《略說南京國民政府南洋研究所》,《學海》1994 年第 1 期。
72. 謝國富:《僑務委員會組織概況》,《民國檔案》1992 年第 4 期。
73. 楊世紅:《國民黨政府 1945～1949 年僑務工作述評》,《民國檔案》2000 年第 4 期。
74. 袁丁、李亞麗:《太平洋戰爭時期國民政府的僑眷——以廣東省爲中心》,《八桂僑刊》2007 年第 2 期。
75. 鄭立勇:《試論抗戰時期華僑對中共的支持》,《福建省社會主義學院學報》1995 年第 3 期。
76. 鄭澤隆:《李漢魂與抗戰時期廣東救僑護僑述評》,《廣州大學學報(社會科學版)》2006 年第 3 期。
77. 鍾仲:《抗日戰爭時期的華僑與中國共產黨》,《吉首大學學報(社會科學版)》2000 年第 2 期。
78. 張順良:《改組派與國民黨中央海外黨務組織爭奪戰初探(1928～1930)》,(臺灣)《花蓮教育大學學報》第二十三期(2006 年)。
79. 周添成譯:《自由華人社區在留尼汪島的建立》,(香港)《華人月刊》1991 年第 8 期。
80. 朱英:《國民黨推行商民運動的方略》,《江漢論壇》2004 年第 7 期
81. 鄒雲保:《二戰後印尼排華根源再探》,《八桂僑刊》2000 年第 4 期。

## 六、未刊博士碩士論文

1. 代帆:《華僑華人認同與中國——一種建構主義分析》,暨南大學碩士論文 2003 年。
2. 范宏偉:《戰後緬華社會政治地位變遷研究》,廈門大學博士論文,2004 年。
3. 傅榮校:《南京國民政府前期(1928～1937 年)行政機制與行政能力研究》,浙江大學博士論文,2005 年。
4. 黄小用:《晚清華僑政策研究》,湖南師範大學博士論文,2003 年。
5. 李未醉:《加拿大華人社會内部的合作與衝突(1923～1999)》,暨南大學博士論文,2006 年。
6. 秦素菡:《美國華僑社會與保皇派關係研究》,暨南大學博士論文,2007 年。
7. 宋泳:《戰後印尼排華問題研究》,暨南大學碩士論文,2000 年。
8. 張堅:《東南亞華僑民族主義發展研究》,廈門大學博士論文,2002 年。

9. 鍾福安：《泰國華人社會的形成述論》，北京語言文化大學碩士論文，2001年。

## 七、外文文獻

1. Henry Chan, Ann Curthoys, Nora Chiang Editors. The Overseas Chinese in Australasia:History,Settement and Interactions,（Taipei）Interdisciplinary Group for Australian Studies（IGAS）,National Taiwan University;（Canberra）Centre for the Study of the Chinese Southern Diaspora,Australian National University.2001.
2. Maxine Darnell. Master and Servant,Squatter and Shepherd:The Rgulation of Indentured Chinese Labourers. New South Wales,1847-1853.
3. Wang Gungwu,Nationalist and Confucianism（海外華人的民族主義），（新加坡）吳德耀文化講座，1996年。
4. Wang Gungwu. China and the Chinese overseas. Eastern Universityes Press,2003
5. Wang Gungwu. Community and Nation:China, Southeast Asia and Australia. Kin Keong Printing Co.Pte Ltd,Singapore.1992.
6. Wang Gungwu. The Chinese overseas:from earthbound China to the quest for autonomy. Harvard University Press, 2000.

## 八、部分網站

1. http://www.lib.nus.edu.sg/chz/chineseoverseas/oc_conference.html#1999。（新加坡國立大學中文圖書館海外華人研究網）
2. http://coc.lib.cuhk.edu.hk/ulcat/asia.htm。（香港中文大學圖書館海外華人特藏庫）
3. http://hqhr.jnu.edu.cn/。（暨南大學圖書館華僑華人文獻信息中心）
4. http://www.chinaqw.com/。（中國僑網）
5. http://gocn.southcn.com/qw2index/2006qxbd/。（廣東僑網）
6. http://www.fjql.org/index.htm。（福建僑聯網）
7. http://www.overseas.xm.gov.cn。（廈門僑務網）
8. http://cul.qw369.com/。（溫州僑網）

# 後　記

本書能得已完成，我最要感謝的是張海林教授。張師是我在南京大學求學時的博士生導師。2006 年張師將我——一個學術背景並不是很好，年齡又大，又是來自小地方之人——招進門下，其後一直以其深厚的學術涵養、嚴謹的學風引導著我在學術道路上進取。他正直的人品、率眞的性格、嚴謹的學風、認眞的精神不僅令學生景仰，而且相信今後也會影響到我的人生道路。同時，也正是由於張師的推薦，我才能結識花木蘭文化出版社。因而我心中的感受實難以表達！唯言「人生有幸矣！」

我還要感謝張門各位師兄師姐師弟，如中國藥科大學的周雷鳴副教授、江蘇大學戴迎華教授、南京財經大學高曉東博士、南京郵電大學葛玉紅副教授、南京理工大學趙林鳳副教授、南京農業大學梁玉泉博士、廣西大學陳禮軍副教授等等，他們不僅時常鼓勵我，且利用各自便利，爲本人的創作提供幫助與建議。在此，對各位同門致以衷心的感謝！

南京大學歷史系崔之清、李良玉、張生、申曉雲、李玉、陳蘊茜等諸教授，可謂是我進入全新的民國史研究榜樣，他們的學識與見解、建議，令我受益非淺！尤其是崔之清教授，作爲民國史、臺灣史研究領域的前輩，不僅毫無架子，在課堂上給予我幫助，而且多次指點我對民國史研究的切入角度。相信他那和藹可親的長者風範，我將銘記於心！

中國第二歷史檔案館郭必強研究員、南京師範大學謝世誠教授、張連紅教授、南京大學政府管理學院閭小波教授等也給予我提出建設性意見及幫助，特此致謝！

感謝好友高健龍，他目前在中國社會科學院宗教所讀博士後，他不僅與我分享跨學科交流的樂趣，而且還幫我在香港、北京等地尋找了不少資料！感謝中國人民大學董佳博士、南昌工程學院許金華副教授、安徽工業大學方勇博士、貴州省委黨校伍小濤教授、西南民族大學周丙華博士、陝西師範大學李宗峻博士、北方民族大學祁國宏博士、宜春學院羅榮華博士、現供職於中央電視臺袁法周博士、首都經濟貿易大學陳煒博士、寧夏大學李新貴博士等等，他們不僅與我分享同學科、不同學科、同專業、不同專業的樂趣，而且也在各方面給予我的幫助，在此表示感謝！

我尤其要感謝我的家人。愛人關冰不僅鼓勵與支持我，而且在繁重的家務與工作壓力之下，努力幫我查找資料、修改文稿；她的修改對本書質量的提高是非常重要的！還有我的岳父岳母。在我讀博期間照顧我年幼的女兒，讓我可以專心向學！還有我的妹妹陳滔娜博士及其愛人舒小昀博士，她們不僅幫助我查找、購買、打印資料，而且在生活上也給予我無限的幫助！而令我愧疚的是我的女兒關晴，她是在我剛到南京讀博時候降臨人間的。由於一直忙於學業及研究，自然欠缺與她相伴的時間！

本書寫作期間，中國第二歷史檔案館、廣東省檔案館、南京大學圖書館、南京大學歷史系資料室等給予了我許多的支持和幫助，在此表示感謝！

感謝花木蘭文化出版社讓本書付梓出版，尤其感謝該社駐北京聯絡處楊嘉樂博士，楊博士積極、細緻的聯繫與答疑，令我體會到一絲不苟的工作作風，此令我受益不淺！此外，本書的寫作過程中借鑒了一些專家和同行的研究成果，在此一併表示衷心感謝！

還有許多上面沒有提及到的同行、朋友，以不同的形式在關注、幫助本書的寫作，在此深深多謝他們！

陳國威於廣東湛江

二○一四年三月八日